**Dipl.-Hdl., Dipl.-Kfm.
Werner Geers**

Arbeiten mit
FrontPage 2000

Webs und Webseiten
für das Internet

Kieser Verlag/Heckners Verlag, Neusäß

Vorwort

Die Erstellung einer Internetpräsenz für Unternehmen, Schulen, Privatpersonen usw. steht im Vordergrund der Arbeit mit diesem Buch. Schülerinnen und Schüler werden in die Lage versetzt, ein Web mit mehreren Seiten, verschiedenen Elementen und Designs zu erstellen. Individuelle Lösungen lassen sich mit dem erlernten Wissen erarbeiten, sodass einem kreativen Handeln keine Grenzen gesetzt sind.

Die Erstellung verschiedener Arten von Webs wird erklärt. Auf den Seiten 5 und 6 können Sie sich einen Eindruck davon verschaffen, wie die erstellten Webs aussehen könnten.

Im Buch werden einige Grafiken verwandt. Diese Grafiken können selbst erstellt werden, wenn die entsprechenden Programme und das entsprechende Wissen vorhanden sind. Andererseits können diese und andere Grafiken von meiner HomePage geladen werden. Sie stehen unter den Menüpunkten Bücher/FrontPage sowohl in komprimierter als auch in Normalform zur Verfügung. Übrigens wird auf der Seite 85 das Verfahren des Downloadens einer komprimierten Datei aus dem Internet erklärt. Wenn Sie die benutzten Grafiken in der Originalform laden möchten, wird dies auf der Internetseite, in dem sich die Grafiken befinden, erklärt.

Neueste Informationen, eventuelle Änderungen und Verbesserungen, die sich beispielsweise durch Updates des Programms ergeben, können Sie über das Internet unter der folgenden Adresse abrufen:

http://www.werner-geers.de

Für die Arbeit mit dem Buch und den einzelnen Übungen wünsche ich Ihnen viel Spaß!

Papenburg, März 2001 *Werner Geers*

http://www.kieser-verlag.de

Im Internet-Angebot der Verlage Heckners und Kieser können Sie sich über Verlagsneuerscheinungen informieren. Unter der Rubrik „Für Ihren Unterricht" finden Sie weitere interessante Informationen und Hilfen zur Gestaltung Ihres Unterrichts.

 Das Papier ist umweltschonend hergestellt aus chlorfrei gebleichten Faserstoffen.

ISBN 3-8242-**6953**-1

1. Auflage ⁴ ³ ² ¹   2004 03 02 01

Alle Drucke dieser Auflage können im Unterricht nebeneinander verwendet werden.

© 2001 Heckners Verlag, Wolfenbüttel / Kieser Verlag GmbH, 86356 Neusäß

Dieses Werk sowie einzelne Teile desselben sind urheberrechtlich geschützt. Jede Verwertung in anderen als den gesetzlich zugelassenen Fällen ist ohne vorherige schriftliche Einwilligung des Verlages nicht zulässig.

Belichtung und Druck: Halberstädter Druckhaus   10827001

Inhaltsverzeichnis

1	**Aufbau einer Internetpräsenz**	5
1.1	Allgemeine Vorbemerkungen	5
1.2	Erstellung von Webseiten	5
1.3	Übersicht über Webs mit unterschiedlichen Navigationen	5
2	**Erstellung eines Webs**	7
2.1	Vorbemerkungen	7
2.2	Erstellen eines Webs mit mehreren Seiten	7
3	**Schließen und Öffnen eines Webs**	10
3.1	Schließen eines Webs und Beenden des Programms	10
3.2	Öffnen eines Webs oder bestimmter Webseiten	10
4	**Gestalten von Webseiten**	11
4.1	Einfügen von Texten und Aufzählungen	11
4.2	Ansicht des Ergebnisses	12
4.3	Einfügen von ClipArts und Grafiken	13
4.3.1	Einfügen von ClipArts	13
4.3.2	Einfügen von Grafiken	14
5	**Tabellen**	15
5.1	Eingaben in einer Tabelle	15
5.2	Formatieren der Tabelle	16
6	**Designs**	17
6.1	Vorbemerkungen	17
6.2	Festlegung eines einheitlichen Designs	17
7	**Textfarben und Hintergründe**	18
7.	Einfügen einer Textfarbe	18
7.1	Einfügen einer Hintergrundgrafik	18
	Übungen	20
8	**Importieren und Kopieren von Seiten in ein neues Web**	21
8.1	Vorbemerkungen	21
8.2	Importieren von Dateien in ein neues Web	21
9	**Hyperlinks (Links)**	23
9.1	Vorbemerkungen	23
9.2	Hyperlinks auf Seiten im eigenen Web	23
9.3	Hyperlinks auf Seiten im Internet	26
9.4	Einfügen einer E-Mail-Adresse	27
9.5	Hyperlinks auf einer Grafik	28
9.6	Hyperlinks auf Textmarken	29
10	**Hoverschaltflächen**	32
	Übungen	35
11	**Navigationsleisten**	36
11.1	Vorbemerkungen	36
11.2	Navigationsstruktur	36
11.3	Naviagationsschaltflächen in gemeinsamen Randbereichen	37
11.4	Weitere Gestaltungsmöglichkeiten der Naviagationsschaltflächen	39
11.5	Naviagationsschaltflächen außerhalb der Randbereiche	40
	Übungen	41
12	**Frameseiten**	42
12.1	Vorbemerkungen	42
12.2	Erstellung eines Webs mit Frameseiten	42
12.3	Steuerung des Webs mit Hoverschaltflächen	44
12.4	Steuerung des Webs über Hyperlinks mit Untermenüpunkten	52
12.5	Steuerung des Webs über Hyperlinks auf Grafiken	55
	Übungen	57

13	**Dynamische HTML-Effekte**	58
13.1	Vorbemerkungen	58
13.2	Mouseover-Effekte	58
13.3	Klicken oder Doppelklicken	60
13.4	Laden der Seite	60
14	**Bearbeitung von Grafiken**	61
14.1	Grundlegende Bearbeitungsmöglichkeiten	61
14.2	Zuschneiden von Grafiken	63
14.3	AutoMiniaturansicht	63
14.4	Texteingabe	64
14.5	Hotspots	65
15	**Einfügen von Komponenten in die Webseiten**	66
15.1	Vorbemerkungen	66
15.2	Einfügen von Datum und Uhrzeit	66
15.3	Anzeigenwechsler und animierte Gif´s	67
15.4	Laufschrift	68
15.5	Einfügen weiterer Komponenten	69
	Übungen	70
16	**Formatvorlagen (Cascading Stylesheets)**	71
16.1	Vorbemerkungen	71
16.2	Formatierung mit den vorhandenen Formatvorlagen	71
16.3	Erstellen eigener Formatvorlagen	72
16.3.1	Erstellen einer neuen Formatvorlage	72
16.3.2	Ändern einer Formatvorlage	74
16.3.3	Hinzufügen einer weiteren neuen Formatvorlage	76
16.3.4	Erstellung einer Formatvorlage auf Basis einer Formatvorlage	77
17	**Erstellen eines neuen Designs**	78
17.1	Vorbemerkungen	78
17.2	Speichern eines Designs unter einem neuen Namen	78
17.3	Farbgestaltung des neuen Designs	79
17.4	Grafiken des neuen Designs	80
17.5	Textdarstellung des neuen Designs	81
18	**HTML- Befehle in Webseiten**	82
18.1	Vorbemerkungen	82
18.2	Einfügen einer Grafik mit Alternativtext	83
18.3	Einbau einer Möglichkeit zum Download	84
18.4	Downloaden einer Datei	85
	Übungen	86
19	**Formulare**	87
19.1	Vorbemerkungen	87
19.2	Erstellung eines Formulars mit dem Formular-Assistenten	87
19.3	Nachbearbeitung des Formulars	90
20	**Einbau einer Excel-Seite in ein Web**	91
20.1	Vorbemerkungen	91
20.2	Speichern einer gesamten Excel-Datei als Webseite	91
20.3	Speichern eines Teilbereiches einer Excel-Datei als Webseite	93
20.4	Kopieren und Einfügen von Tabellen und Grafiken	93
21	**Analyse erstellter Webs**	94
22	**Veröffentlichung eines Webs**	95
	Stichwortverzeichnis	96

1 Aufbau einer Internetpräsenz

1.1 Allgemeine Vorbemerkungen

Ein Unternehmen, eine Schule, eine Privatperson usw. kann nur anhand eines Webs mit mehreren Seiten im Internet präsentiert werden. Es muss daher genau überlegt werden, wie die Präsentation aussehen soll.

Grundsätzlich wird daher in diesem Buch der Aufbau eines gesamten Webs (einer Internetpräsenz) mit mehreren Seiten, die miteinander verlinkt (verbunden) werden, im Vordergrund des Interesses stehen. Als Endergebnis werden dabei verschiedene Möglichkeiten der Internetpräsenz erarbeitet, sodass der Einzelne später in der Lage ist, die für einen bestimmten Zweck vernünftige Präsentation zu erstellen.

1.2 Erstellung von Webseiten

Einzelne Elemente wie Texte, Grafiken, Farben, Designs usw. werden in Webseiten eingebaut. Es werden Formatvorlagen (Cascading Stylesheets) erstellt, Grafiken bearbeitet, dynamische HTML-Effekte eingebaut, Formulare entwickelt usw. Die wesentlichen Elemente für den Aufbau einer Webpräsenz stehen damit zur Verfügung.

1.3 Übersicht über Webs mit unterschiedlichen Navigationen

Verschiedene Möglichkeiten der Verlinkung, wie der Einbau von *Hyperlinks (Links)*, die Erstellung von Navigationsleisten zur Navigation in einem Web, der Einbau von Hoverschaltflächen (Schaltflächen zur Verlinkung mit besonderen Effekten, beispielsweise dem Aufleuchten der Schaltflächen, wenn sie mit der Maus angefahren werden), die Verlinkung über Grafiken und der Einbau so genannter *Hotspots* (Verlinkung über einen ausgewählten Bereich einer Grafik) werden im Buch erklärt. Vier Beispiele für Webs werden nachfolgend dargestellt, so dass ein Eindruck entstehen kann, wie die erstellten Webs später aussehen.

Beispiel 1: Mit Hilfe einer Navigationsleiste wird die Verlinkung zwischen den Seiten vorgenommen:

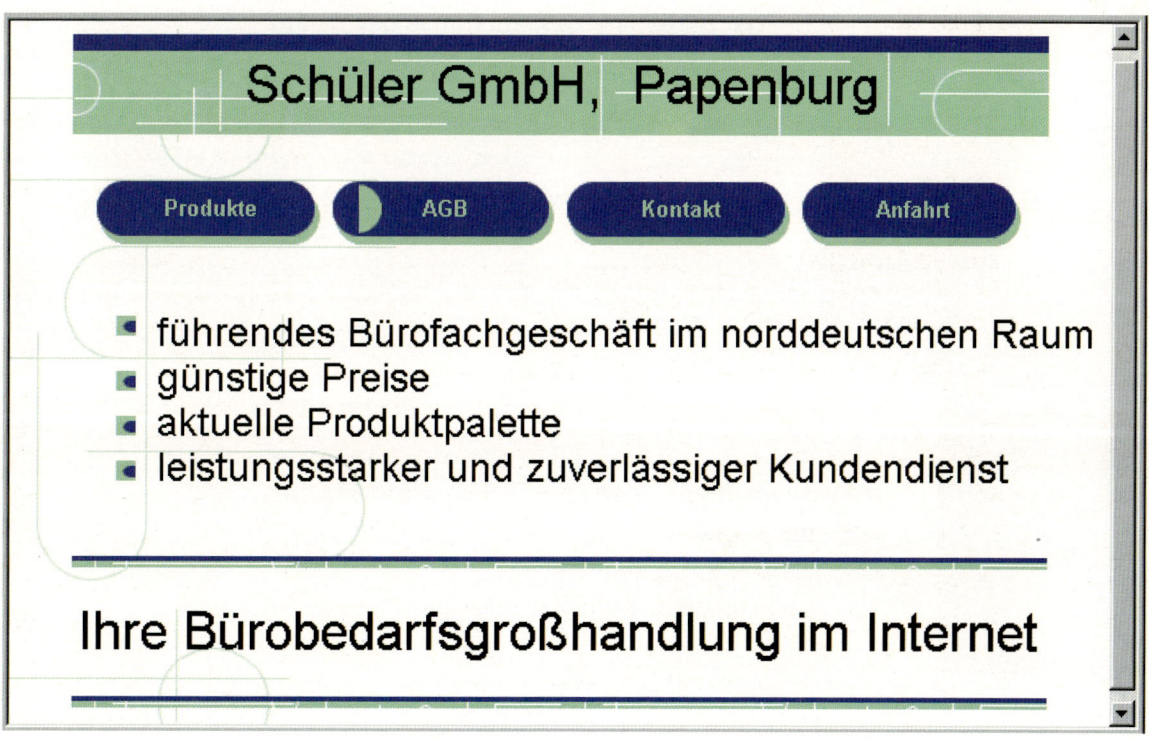

Beispiel 2: Hoverschaltflächen werden für die Navigation eingesetzt:

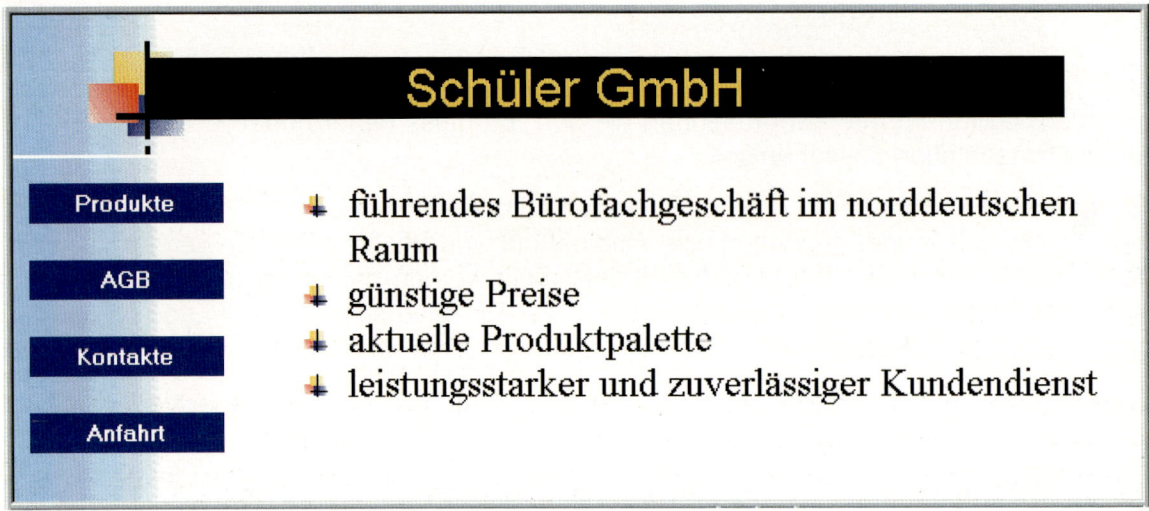

Beispiel 3: Aufklappbare Untermenüpunkte ermöglichen eine vernünftige Navigation. Dadurch kann von einer Seite ein ganzes Web gesteuert werden.

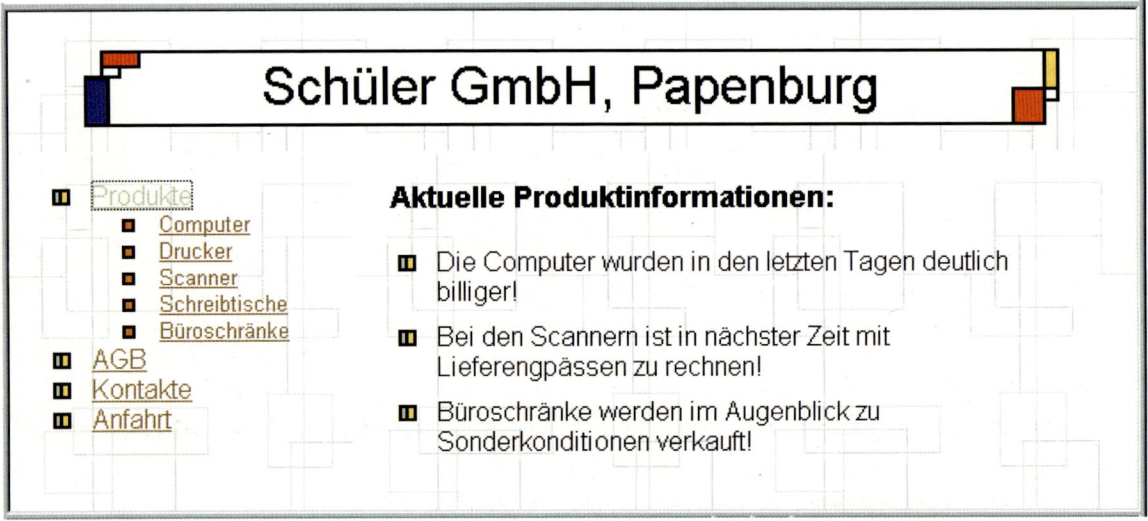

Beispiel 4: Austauschbare Grafiken bilden die Grundlage der folgenden Navigation:

Vorbemerkungen 7

2 Erstellung eines Webs

2.1 Vorbemerkungen

Bei der Erstellung eines neuen Webs werden verschiedene Webseiten erstellt, die miteinander verbunden die Präsenz einer Schule, eines Unternehmens, von einzelnen Personen usw. ergeben.

Anhand der Internetpräsenz eines Unternehmens sollen Seiten erstellt werden, die über Hyperlinks, Schaltflächen usw. miteinander verknüpft werden. Vorhandene Assistenten werden erst später, zur Erstellung von Spezialseiten (Formulare), benutzt.

2.2 Erstellen eines Webs mit mehreren Seiten

Zunächst soll eine einfache Internetpräsenz eines Unternehmens mit verschiedenen Seiten aufgebaut werden. Dafür muss ein Web mit mehreren Seiten erstellt werden.

Bearbeitungsschritte:

- Starten Sie das Programm über ein Symbol auf dem Desktop oder nach Anklicken der Schaltfläche **Start** auf dem Desktop.

- Wählen Sie den Menüpunkt **Datei/Neu/Web**.

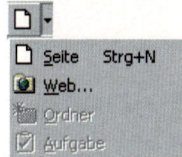

  Alternative: Schaltfläche **Web**

- Verschiedene **Websites** werden angeboten. Es soll ein **Standardweb** erstellt werden, das später um weitere Seiten und Komponenten erweitert wird. Bestimmen Sie außerdem ein Laufwerk und ein Verzeichnis, in dem die Webseiten erstellt werden sollen.

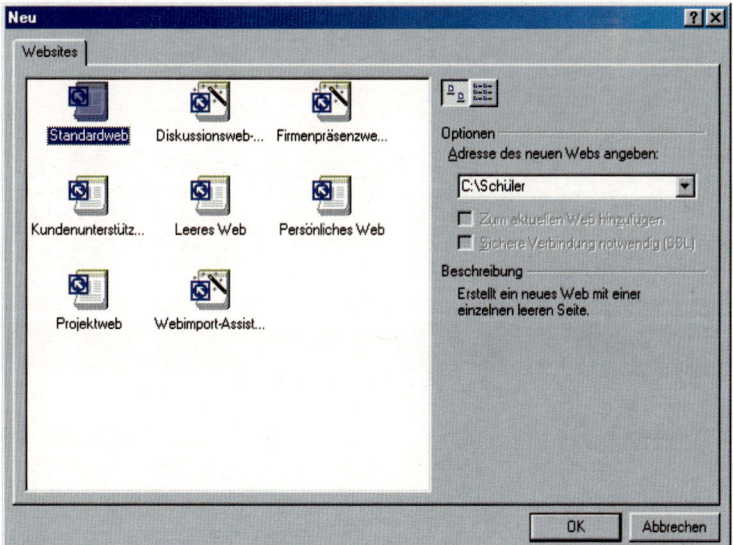

- Bestätigen Sie die Eingaben mit Anklicken der Schaltfläche **OK**.

Bearbeitungsschritte (Fortsetzung):

- Das neue Web enthält nun die Startseite des Webs (*index.htm*). Diese Seite wird beim Eingeben einer Internetadresse automatisch gesucht und angezeigt.

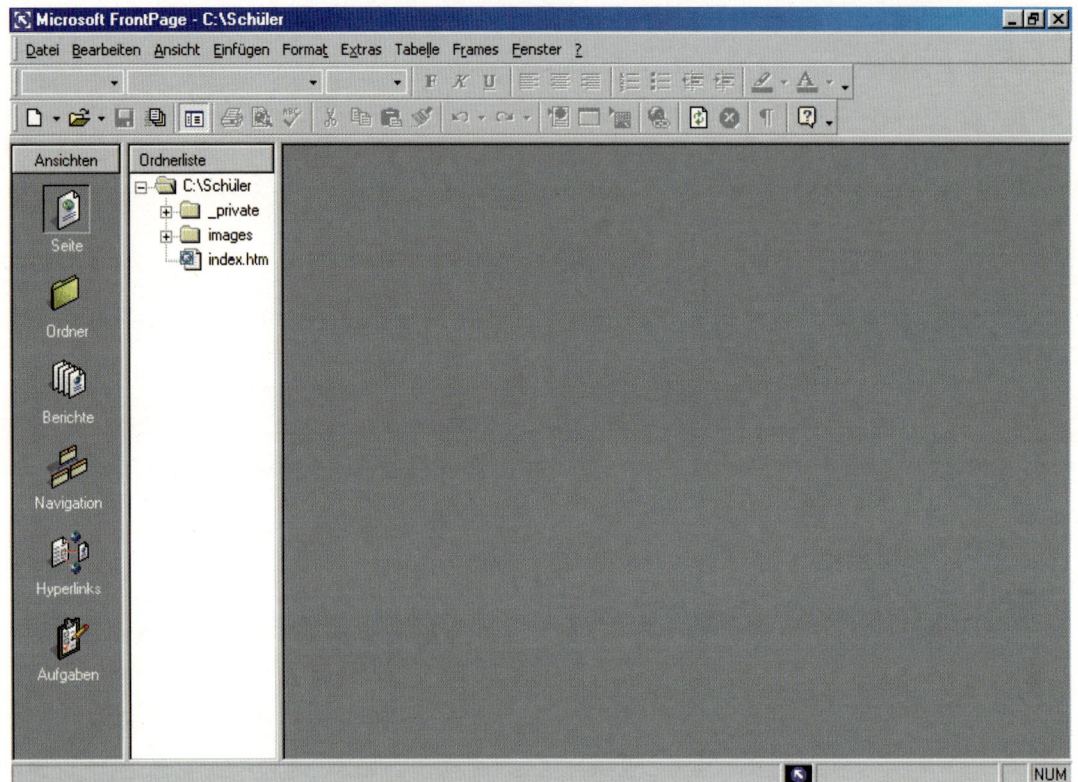

- Sollte die **Ordnerliste** mit den einzelnen Dateien nicht angezeigt werden, muss der Menüpunkt **Ansicht/Ordnerliste** gewählt werden. Werden die verschiedenen Ansichten auf der linken Bildschirmseite (Seite, Ordner usw.) nicht eingeblendet, ist der Menüpunkt **Ansicht/Ansichtenleiste** zu wählen.

- Daneben werden Seiten benötigt, auf denen Produkte usw. präsentiert werden. Wählen Sie daher den Menüpunkt **Datei/Neu/Seite**.

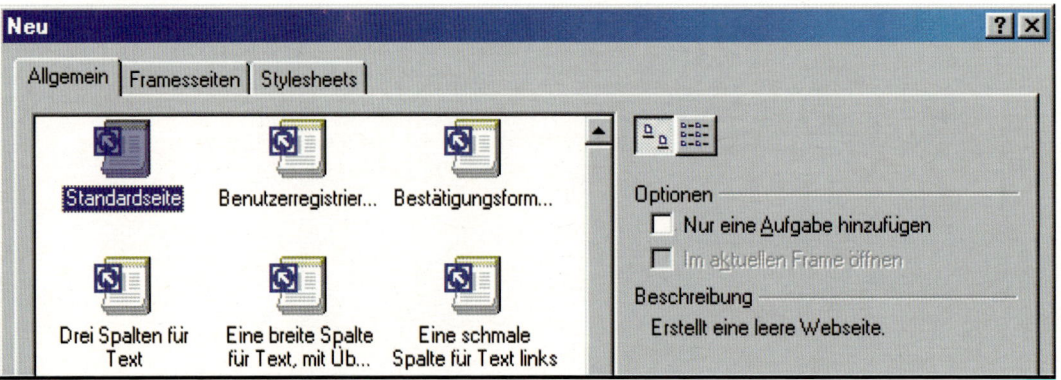

- Wählen Sie eine **Standardseite** aus. Es wird eine leere Seite aufgerufen, die nach den eigenen Wünschen gestaltet werden kann. Es werden also keine Seitenelemente vorgegeben.

- Alternativ können Sie die Schaltfläche **Neue Seite** anklicken. Es wird automatisch eine **Standardseite** erstellt.

Erstellen eines Webs mit mehreren Seiten

Bearbeitungsschritte (Fortsetzung):

- Wählen Sie den Menüpunkt **Datei/Speichern**. Klicken Sie die Schaltfläche **Ändern** im Fenster **Speichern unter** an, um den Seitentitel (*Produkte*) festzulegen. Der Seitentitel wird später oben links im Browser angezeigt. Speichern Sie die neue Seite unter dem Namen *produkte.htm* ab.

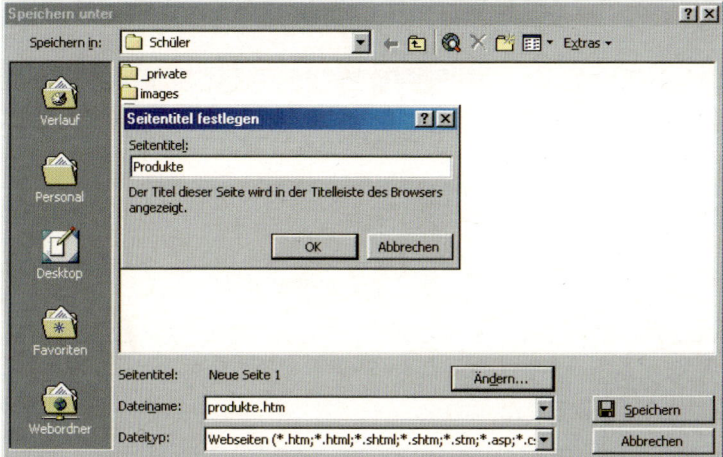

- Alternativ können Sie auch eine neue Seite erstellen, danach das Wort *produkte* eingeben und dann speichern. Die Seite wird unter dem Namen *Produkte.htm* abgespeichert. Dies ist der schnellere Weg zum Ergebnis. Soll das Wort *Produkte* später nicht mehr auf der Seite erscheinen, kann es einfach gelöscht werden.

- In der **Ordnerliste** werden nun die folgenden Ordner und Dateien angezeigt:

- Erstellen Sie in dem Web die folgenden später benötigten Seiten. Das Web soll später die rechts angezeigte Struktur aufweisen. Der Aufbau der Struktur wird in einem späteren Kapitel beschrieben.

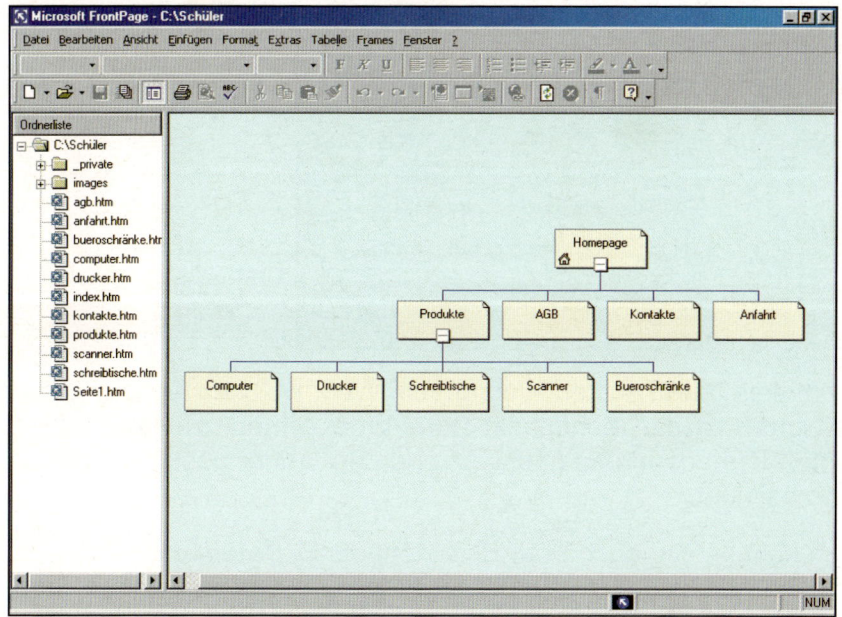

3 Schließen und Öffnen eines Webs

3.1 Schließen eines Webs und Beenden des Programms

Über Menüpunkte wird ein Web geschlossen und die Arbeit mit dem Programm **FrontPage** beendet.

Bearbeitungsschritte:

- Wählen Sie den Menüpunkt **Datei/Web schließen**. Wenn Sie eine vorgenommene Änderung nicht abgespeichert haben, werden Sie gefragt, ob Sie die Änderungen abspeichern möchten.

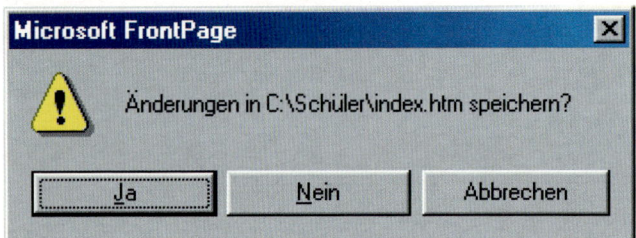

- Über den Menüpunkt **Datei/Beenden** verlassen Sie **FrontPage**.

3.2 Öffnen eines Webs oder bestimmter Webseiten

Verschiedene Möglichkeiten stehen zur Verfügung, ein Web oder bestimmte Webseiten zu öffnen.

Bearbeitungsschritte:

- Wenn Sie die Arbeit mit einem Web fortsetzen wollen, an dem Sie in der letzten Zeit gearbeitet haben, können Sie den Menüpunkt **Datei/Zuletzt geöffnete Webs** wählen.

- Auch über den Menüpunkt **Datei/Zuletzt geöffnete Dateien** können Sie über das Wählen einer Datei das jeweilige Web öffnen.

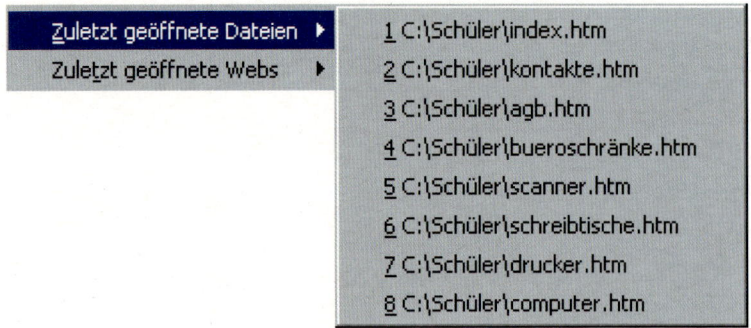

- Handelt es sich bei dem gewünschten Web um ein Web, welches längere Zeit nicht mehr bearbeitet wurde, ist der Menüpunkt **Datei/Web öffnen** zu wählen. In dem Fenster **Web öffnen** kann dann das Laufwerk und der Ordner bestimmt werden, in dem sich das Web befindet.

- Selbstverständlich können Sie auch über den Menüpunkt **Datei/Öffnen** die einzelnen Datenträger nach Webs durchsuchen.

Einfügen von Texten und Aufzählungen 11

4 Gestalten von Webseiten

4.1 Einfügen von Texten und Aufzählungen

Wie bei einer Textverarbeitung können verschiedene Elemente in eine Webseite eingefügt werden. Überschriften und Aufzählungen sollen in die Eröffnungsseite des Webs eingebaut werden.

Bearbeitungsschritte:

- Wählen Sie durch einen Doppelklick in der **Ordnerliste** die Datei *index.htm* aus.

- Über die Symbolleiste **Format** wählen sie für den Text der ersten Zeile das Format *Überschrift 1*, für den Text der zweiten Zeile das Format *Überschrift 2* und für den Text der dritten Zeile das Format *Überschrift 1*. Außerdem sollte der Text über die Schaltfläche **Zentriert** zentriert werden.

- Über den Menüpunkt **Nummerierung und Aufzählungen** bzw. über die Schaltfläche **Aufzählungszeichen** können Sie danach Aufzählungszeichen einfügen. Gestalten Sie die Seite folgendermaßen:

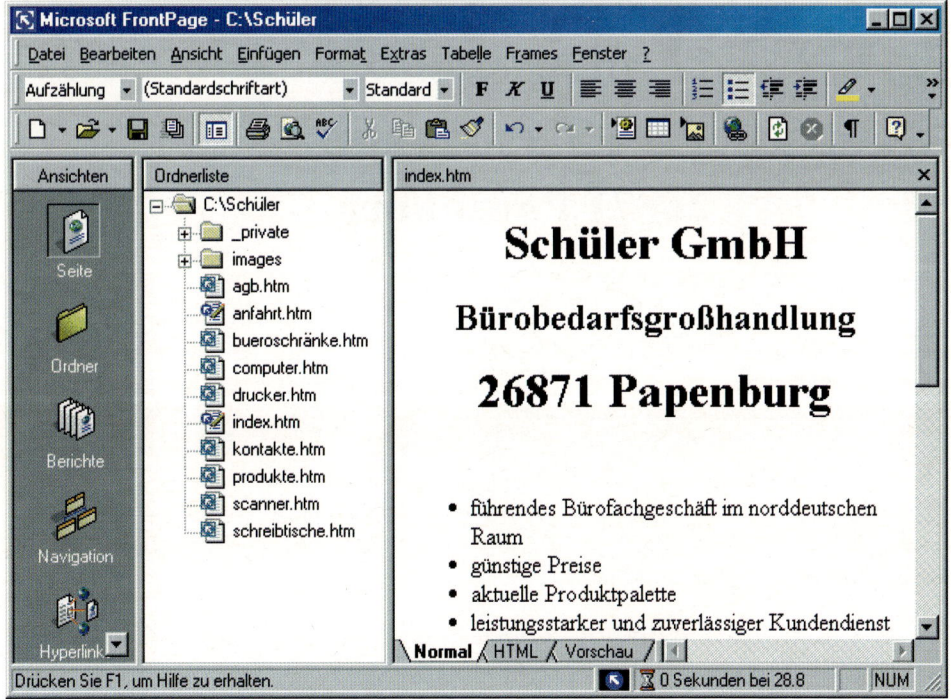

4.2 Ansicht des Ergebnisses

Sowohl im Programm **FrontPage** als auch in einem **Internet-Browser** kann das Ergebnis der Gestaltung einer Webseite sofort angesehen werden. Vor dem Ansehen muss grundsätzlich die Speicherung von Änderungen erfolgen.

Bearbeitungsschritte:

- Wählen Sie den Menüpunkt **Datei/Speichern**.

  Alternative: Schaltfläche **Speichern**

- Klicken Sie am unteren Rand des Bildschirms die Registerkarte **Vorschau** an.

- Das Ergebnis der Seitenerstellung wird dargestellt.

- Wenn Sie die Seite verändern wollen, müssen Sie die Registerkarte **Normal** anklicken. Nur im Normalmodus lassen sich Änderungen durchführen.

- Alternativ kann das Ergebnis auch in einem Internet-Browser angezeigt werden. Dies hat den Vorteil, dass das veröffentlichte Ergebnis dargestellt wird. Daher bietet sich diese Möglichkeit an.

- Wählen Sie den Menüpunkt **Datei/Vorschau in Browser**.

  Alternative: Schaltfläche **Vorschau in Browser**

- Ein auf dem Rechner installierter Browser wird aufgerufen. Das Ergebnis sieht im **Microsoft Internet Explorer** folgendermaßen aus:

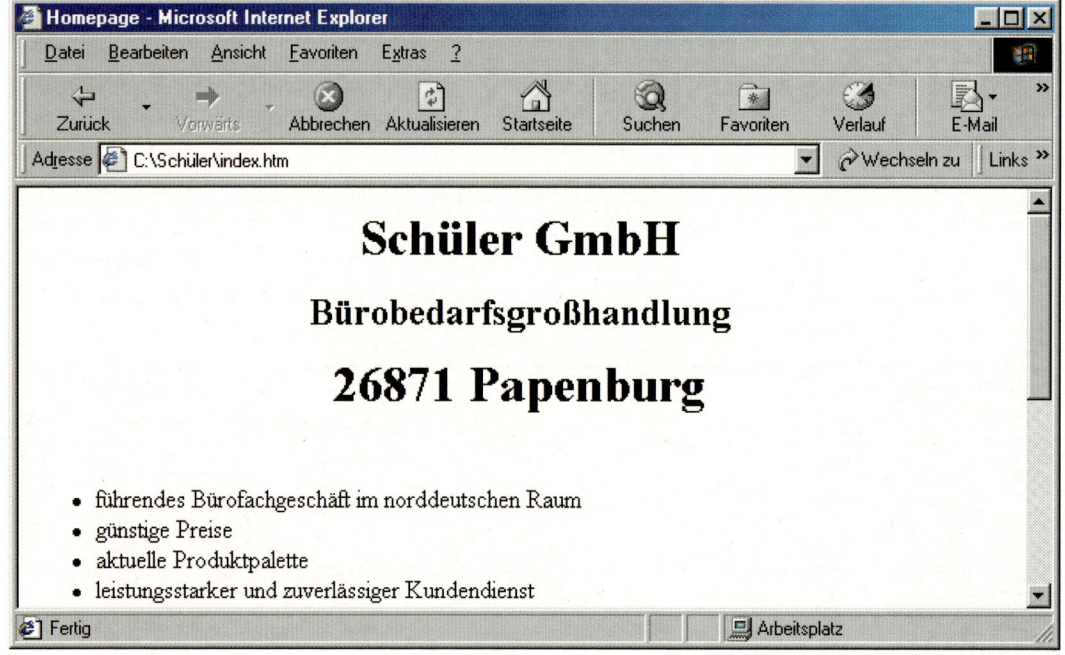

- Sie sollten den **Browser** nicht schließen. Wenn Sie eine Änderung an der bearbeiteten Datei vornehmen und diese abspeichern, können Sie sich durch Anklicken der Schaltfläche **Aktualisieren** das neue Ergebnis ansehen.

- Wenn Sie den **Netscape Navigator** benutzen, müssen Sie die Schaltfläche **Neu laden** anklicken.

Einfügen von ClipArts und Grafiken 13

4.3 Einfügen von ClipArts und Grafiken

4.3.1 Einfügen von ClipArts

Durch ClipArts werden Webseiten interessanter gestaltet.

Bearbeitungsschritte:

- Wählen Sie den Menüpunkt **Einfügen/Bild/ClipArt**. Im Fenster **ClipArt Gallery** werden ClipArts usw. zur Verfügung gestellt.

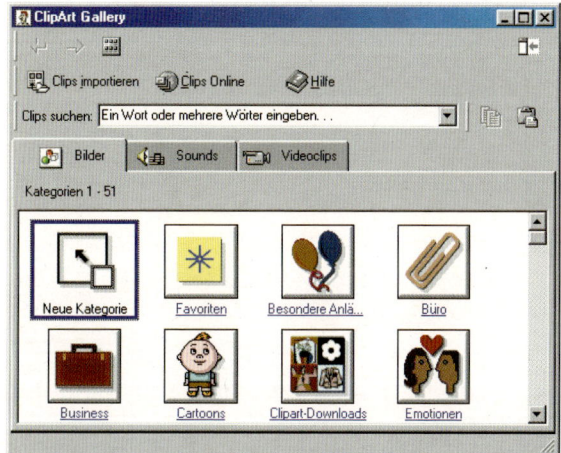

- Wählen Sie im Bereich **Bilder** eine Kategorie und danach durch Anklicken ein vorhandenes ClipArt aus. Sollte das nachfolgend dargestellte ClipArt nicht vorhanden sein, nehmen Sie ein anderes. Nach Anklicken der Schaltfläche **Clip einfügen** wird das ClipArt eingefügt.

- Die Grafik im Dokument wird durch Anklicken mit der Maus markiert. Nach Anfahren der Eckpunkte verändert sich der Mauspfeil in einen Doppelpfeil. Bei gedrückter linker Maustaste können Sie die Grafik vergrößern und verkleinern. Das Ergebnis sieht in etwa so aus:

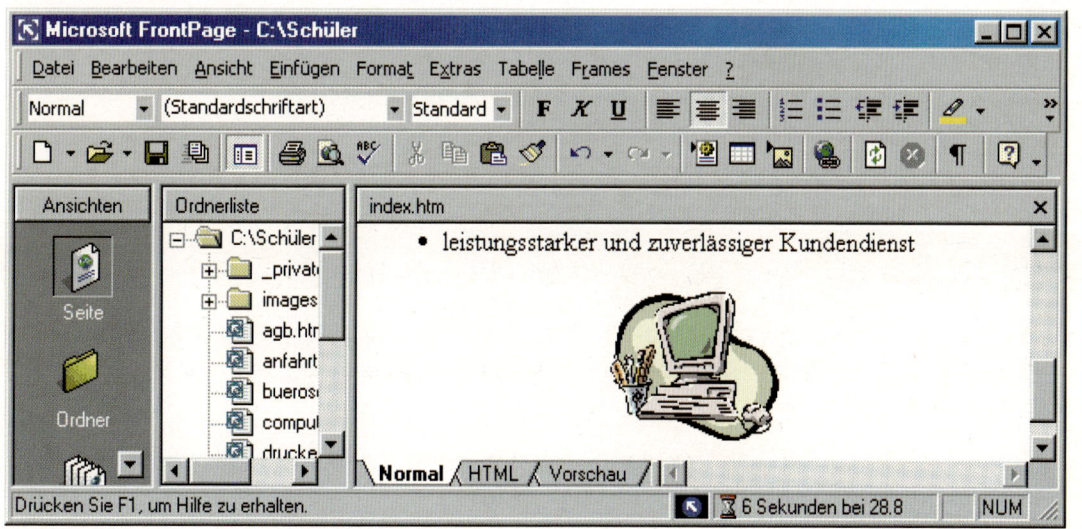

Bearbeitungsschritte (Fortsetzung):

- Wählen Sie den Menüpunkt **Datei/Speichern**.

    Alternative: Schaltfläche **Speichern**

- Es wird nun das nachfolgende Fenster angezeigt. Die eingebettete Grafik muss in das Verzeichnis *Schüler* übertragen werden, damit sie später mit auf den Server des Internet-Providers übertragen wird. Klicken Sie die Schaltfläche **Umbenennen** an, um den aussagekräftigen Namen *computer1.gif* einzugeben.

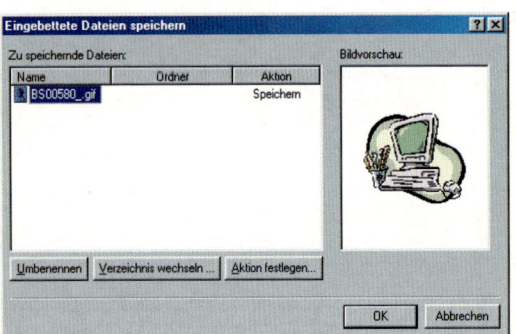 

- Klicken Sie danach die Schaltfläche **OK** an. Als Ergebnis wird die Grafik eingefügt.

4.3.2 Einfügen von Grafiken

Grafiken können wie ClipArts die Aussagekraft und Attraktivität einer Webseite erhöhen.

Bearbeitungsschritte:

- Wählen Sie den Menüpunkt **Einfügen/Bild/Aus Datei**.

- Klicken Sie im Fenster **Bild** die Schaltfläche **Wählen Sie eine Datei auf Ihrem Computer** an. Sie können dann ein Verzeichnis wählen und eine Grafik laden.

- Nach dem Speichern wird die Grafik wieder in das Verzeichnis *Schüler* übertragen.

- Das Ergebnis im **Browser** könnte folgendermaßen aussehen:

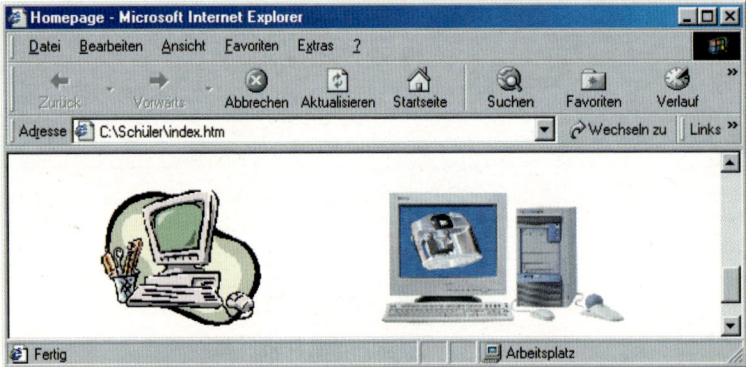

- Falls sich Grafiken bereits im Ordner *Schüler* befinden, werden sie in der Ordnerliste angezeigt. Sie können dann einfach nach Anklicken mit der Maus auf die rechte Seite gezogen werden (Drag and Drop).

Eingaben in einer Tabelle

5 Tabellen

5.1 Eingaben in einer Tabelle

In Tabellen können Sachverhalte in einer vernünftigen Form dargestellt werden.

Bearbeitungsschritte:

- Wählen Sie über den Menüpunkt **Fenster** oder durch einen Doppelklick in der Ordnerliste die Datei *produkte.htm* aus. Geben Sie danach das Wort *Produkte* ein.

- Wählen Sie den Menüpunkt **Tabelle/Einfügen/Tabelle**. Geben Sie die folgenden Werte für die Erstellung der Tabelle ein.

- Die Tabelle wird angezeigt. Wenn Sie die Tabelle um eine Zeile erweitern wollen, gehen Sie in die rechte untere Zelle der Tabelle und drücken die **Tab-Taste**. Eine Zeile wird eingefügt.

- Alternativ können Sie die Schaltfläche **Tabelle einfügen** 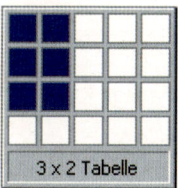 anklicken und dann die Größe der Tabelle bestimmen:

- Geben Sie in die Tabelle zunächst die Bezeichnungen der Produkte ein. Formatieren Sie die Wörter über die Symbolleiste **Format** oder über den Menüpunkt **Format/Zeichen**. Anschließend sollen die Grafiken eingefügt werden. Die Vorgehensweise wurde bereits beschrieben.

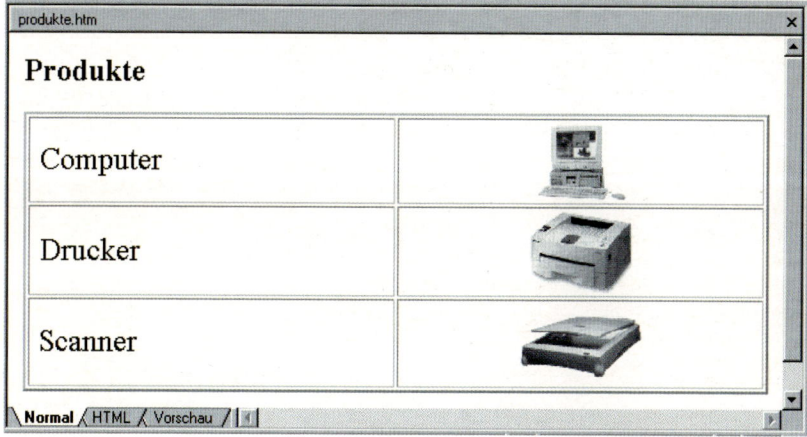

- Reduzieren Sie unter Umständen die Größe der Grafiken.

5.2 Formatieren der Tabelle

Im Anschluss an die Erstellung kann eine Tabelle gestaltet werden.

Bearbeitungsschritte:

- Stellen Sie den Cursor in die Tabelle und wählen Sie den Menüpunkt **Tabelle/Markieren/Tabelle**.

- Wählen Sie den Menüpunkt **Format/Absatz**. Stellen Sie den Einzug vor dem Text und eventuell den Abstand vor und nach dem Text ein. Damit wird ein gewisser Abstand des Inhaltes von den Seiten der einzelnen Zellen erreicht.

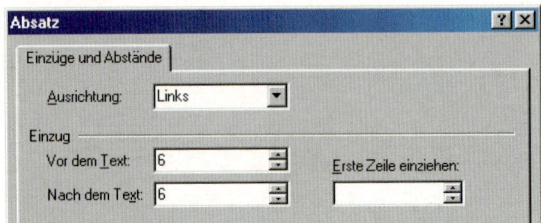

- Wählen Sie den Menüpunkt **Tabelle/Eigenschaften/Tabelle**. Sie können nun Einstellungen vornehmen, z. B. den Rahmen durch die Wahl der Rahmenstärke 0 wegnehmen oder den Rahmen farbig gestalten. Außerdem kann der Hintergrund farbig gestaltet werden. Eine weitere Möglichkeit, die Sie ausprobieren sollten, ist die Verwendung eines Hintergrundbildes. Mit dem Befehl **Rückgängig/Eigenschaften bearbeiten** können Sie unerwünschte Effekte rückgängig machen.

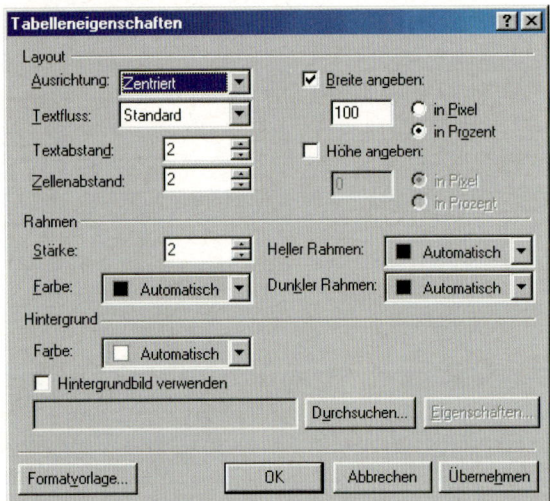

- Bei einer markierten Zelle bzw. wenn sich der Cursor in einer Zelle befindet, stehen Ihnen weitere Möglichkeiten der Zellenbearbeitung zur Verfügung. So können Sie Zellen verbinden, teilen und löschen, gleichmäßig anordnen usw. Probieren Sie die vorhandenen Möglichkeiten aus. Nehmen Sie unerwünschte Ergebnisse zurück.

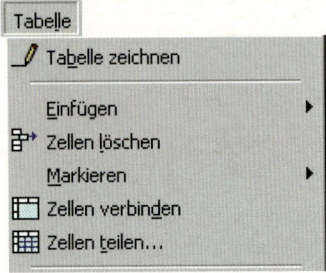 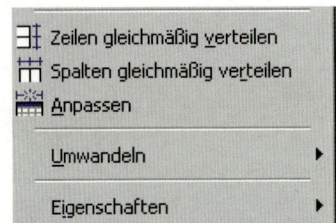

- Speichern Sie die Seite. Schauen Sie sich das Ergebnis in einem **Browser** an.

Vorbemerkungen 17

6 Designs

6.1 Vorbemerkungen

Bei der Gestaltung von Webseiten sollte man ein einheitliches Erscheinungsbild des Webs anstreben. Das Programm **FrontPage** stellt *Designs* zur Verfügung, die auf allen Seiten für ein identisches Aussehen sorgen.

Diese Art der Seitengestaltung ist eine hervorragende Alternative zur Möglichkeit, Farben oder Bilder als Hintergrund für eine Seite zu wählen.

6.2 Festlegung eines einheitlichen Designs

Die einheitliche Gestaltung eines gesamten Webs lässt sich besonders gut mit einem vom Programm zur Verfügung gestellten Design realisieren.

Bearbeitungsschritte:

- Wählen Sie per Doppelklick in der **Ordnerliste** die Datei *index.htm*.

- Wählen Sie den Menüpunkt **Format/Design**. Bestimmen Sie danach ein Design, beispielsweise *Kapseln*. Legen Sie fest, dass das Design für alle Seiten gilt.

- Nach dem Anklicken der Schaltfläche **OK** werden alle Seiten mit einem einheitlichen Design versehen. Im Augenblick bezieht sich dies im Wesentlichen auf den Hintergrund.

- Wählen Sie den Menüpunkt **Format/Design**. Klicken Sie die Schaltfläche **Ändern** an. Danach könnten Sie die Farben, die zu Grunde liegenden Grafiken für den Hintergrund usw. sowie die Textgestaltung ändern und danach unter einem anderen Namen abspeichern. Damit stände ein individuelles Design zur Verfügung.

- Ändern Sie das Designs zum jetzigen Zeitpunkt noch nicht ab. Später wird die Änderung des Design erklärt.

7 Textfarben und Hintergründe

7.1 Einfügen einer Textfarbe

Als Alternative zur Verwendung eines Disigns können Texte nach eigenen Vorstellungen formatiert und gestaltet werden.

Bearbeitungsschritte:

- Markieren Sie die Überschriften. Wählen Sie den Menüpunkt **Format/Zeichen**. Sie können nun Schriftarten, Schriftschnitte und Schriftgrade einstellen, Farben wählen oder besondere Effekte festlegen. Unerwünschte Ergebnisse nehmen Sie über den Menüpunkt **Bearbeiten/Rückgängig: Zeicheneigenschaften** zurück.

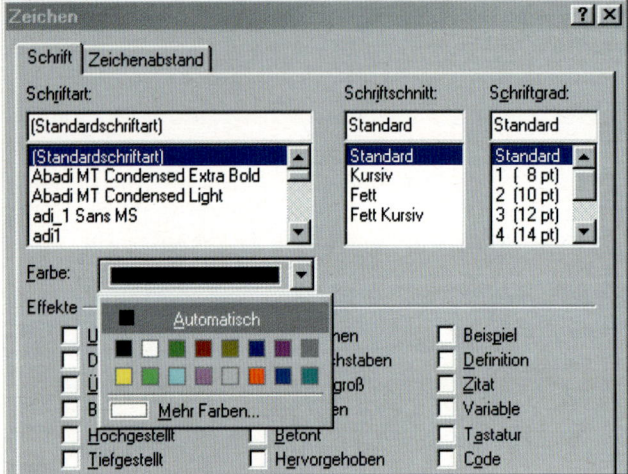

- Wählen Sie den Menüpunkt **Format/Hintergrund**. Sie können dann eine Hintergrundfarbe und eine Textfarbe festlegen.

7.2 Einfügen einer Hintergrundgrafik

Ein besonders schöner Effekt wird dadurch erreicht, dass der Hintergrund durch eine Grafik bestimmt wird. Es handelt sich dabei um eine kleine Grafik, die dann neben- und untereinander auf der Seite dargestellt wird, sodass es so aussieht als ob es sich um eine große Grafik oder ein Muster handelt.

Bearbeitungsschritte:

- Entfernen Sie über den Menüpunkt **Format/Design** ein eventuell vorhandenes Design, in dem Sie die Option *ohne Design* bestimmen. Wählen Sie den Menüpunkt **Format/Hintergrund**. Klicken Sie das Kontrollkästchen **Hintergrundbild** an.

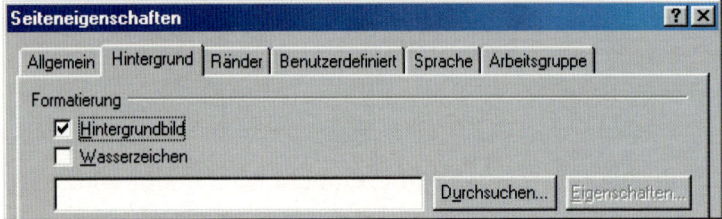

Einfügen einer Hintergrundgrafik 19

Bearbeitungsschritte:

- Klicken Sie die Schaltfläche **Durchsuchen** an.

- Im Fenster **Hintergrundbild wählen** klicken Sie die Schaltfläche **Wählen Sie eine Datei auf Ihrem Computer** an. Sie können dann ein Verzeichnis auswählen und eine vorhandene Datei laden. Dies wurde bereits beschrieben.

- Normalerweise werden Sie in einem Unterverzeichnis von Office 2000 oder FrontPage 2000 geeignete Hintergründe finden. *Beachten Sie ansonsten die Erklärungen im Vorwort.*

- Speichern Sie die Datei *index.htm*. Sie werden aufgefordert, die eingebettete Grafikdatei in das aktuelle Verzeichnis zu speichern.

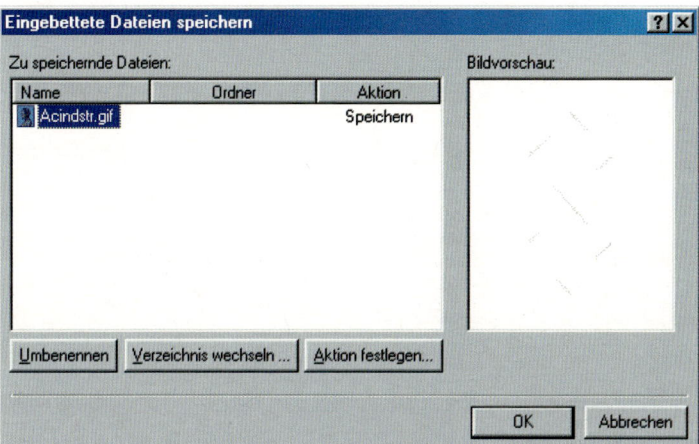

- Das Ergebnis könnte folgendermaßen aussehen:

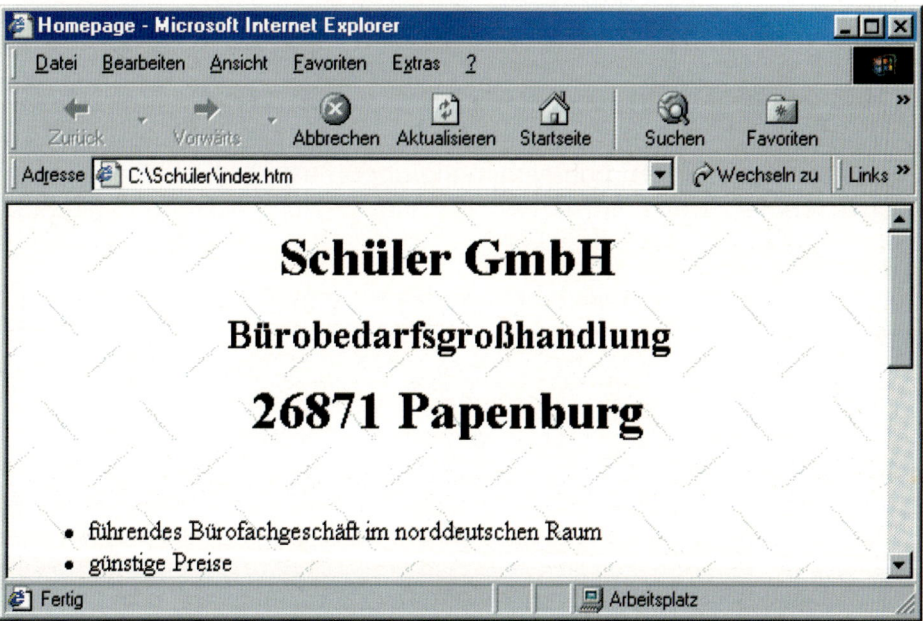

- Wenn Sie später die Hintergrundinformationen auf eine andere Seite übernehmen wollen, können Sie dies über den Menüpunkt **Format/Hintergrund** realisieren.

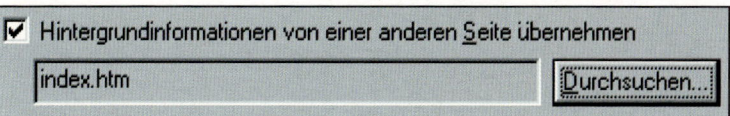

Übungen:

1. Die Schulhomepage ihrer Schule soll grundlegend überarbeitet werden. Es bietet sich an, dabei Informationsmaterial über Schulformen usw. zu verwenden, das an jeder Schule vorhanden ist. Außerdem erscheint es ratsam, in Gruppen zusammenzuarbeiten und nach grundsätzlichen Überlegungen (Design usw.) die einzelnen Seiten arbeitsteilig zu erstellen. Auf den Seiten 21 und 22 wird gezeigt, wie die einzelnen Arbeitsergebnisse dann wieder zusammengeführt werden können.

    a) Erstellen Sie ein neues Web unter dem Namen *Schule*.

    b) Die folgenden Seiten sollen erstellt werden. In Abhängigkeit von den Gegebenheiten ihrer Schule können Sie auch andere Seiten erstellen. Die hier angegebene Struktur wird später für Navigation des Webs benötigt. Sie dient hier als Information über die benötigten Seiten.

    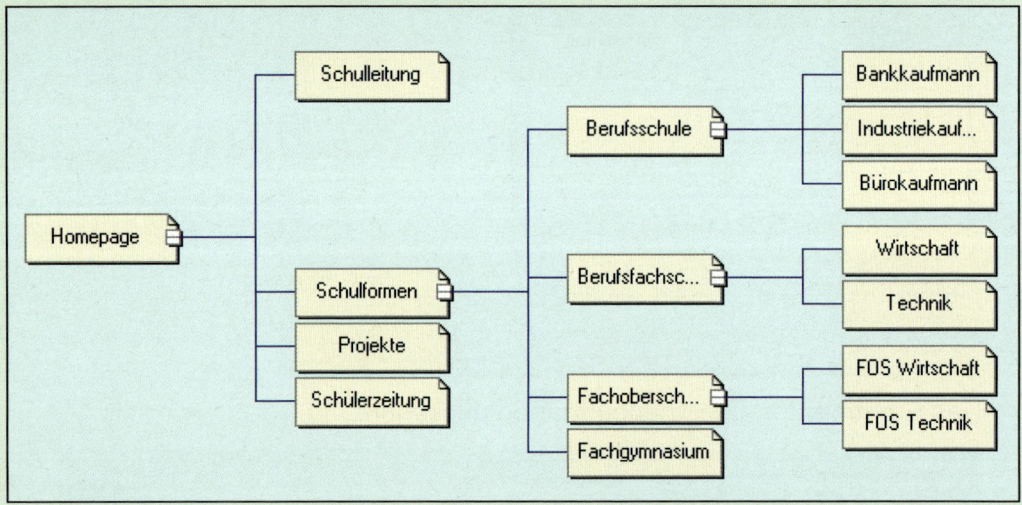

    c) Überlegen Sie genau, welche Inhalte in die einzelnen Seiten übernommen werden sollen. Verwenden Sie dabei die Elemente (Designs, Hintergründe, Tabellen, Grafiken, Aufzählungen und Nummerierungen usw.), die bisher bereits angesprochen wurden. Unter Umständen können Sie auch einzelne Seiten freilassen, um sie später mit Inhalt zu füllen.

    d) Die Seiten der einzelnen Schulformen sollen im Wesentlichen identisch aufgebaut werden. Die einzelnen Bereiche (z. B. Bildungsziel, Aufnahmevoraussetzungen, Abschlüsse, Stundentafel, Anmeldung und Beratung) sollen durch entsprechende Überschriften voneineinander getrennt werden. Es bietet sich in diesem Zusammenhang an, Informationsmaterial der eigenen Schule zu verwenden.

2. Sie haben sich entschlossen, eine private Homepage zu erstellen.

    a) Erstellen Sie eine Homepage unter ihrem Nachnamen.

    b) Überlegen Sie, welche Informationen (Angaben zur Person, Hobbys, Schulbildung usw.) Sie auf welchen Seiten zur Verfügung stellen wollen. Realisieren Sie die einzelnen Seiten. Nutzen Sie dabei alle bekannten Elemente wie Tabellen, Designs usw.

8 Importieren und Kopieren von Seiten in ein neues Web

8.1 Vorbemerkungen

Grundsätzlich gibt es zwei Möglichkeiten, Seiten in ein neues Web zu kopieren bzw. importieren. Soll ein erstelltes Web erhalten bleiben und alle Dateien in ein neues Web integriert werden, weil beispielsweise nur das Design verändert werden soll, bietet es sich an, über den Windows-Explorer ein neues Verzeichnis zu erstellen und dann alle Dateien in dieses neue Verzeichnis zu kopieren. Diese Möglichkeit wird in diesem Buch nicht erklärt, da es zum Standardwissen eines Windows-Nutzers gehört.

Die zweite Möglichkeit besteht darin, Seiten in ein Web zu importieren. Es muss dabei jedoch beachtet werden, dass auch alle Grafiken usw., die sich auf einer Seite befinden, ebenfalls importiert werden müssen. Außerdem müssen eventuelle Verlinkungen (siehe nächstes Kapitel) überprüft werden, ob sie noch aktuell sind.

8.2 Importieren von Dateien in ein neues Web

Webseiten werden normalerweise nur einmal erstellt. Benötigt man Sie für ein zweites Web in unveränderter oder leicht veränderter Form, so bietet es sich an, sie in das neue Web zu importieren.

Bearbeitungsschritte:

- Erstellen Sie ein neues Standardweb unter dem Namen *Schüler1*.

- In der Ordnerliste werden die erstellten Dateien und Verzeichnisse angezeigt.

- Wählen Sie den Menüpunkt **Datei/Importieren**. Im Fenster **Importieren** klicken Sie die Schaltfläche **Aus einem Web** an. Wenn Sie nur eine Datei oder einen Ordner hinzufügen möchten, könnten Sie die entsprechenden Schaltflächen anklicken.

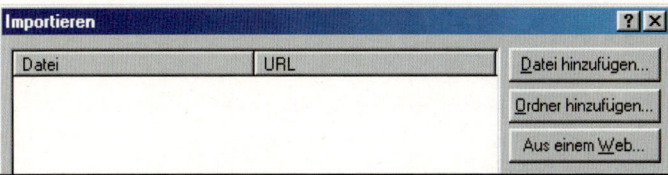

- Im Fenster **Webimport-Assistent - Quelle wählen** bestimmen Sie zunächst, dass die Datei von einem Ordner auf dem lokalen Computer oder einem Netzwerk geladen werden soll. Klicken Sie danach die Schaltfläche **Durchsuchen** an, um das entsprechende Verzeichnis zu wählen. Aktivieren Sie das Kontrollkästchen **Unterordner einschließen**.

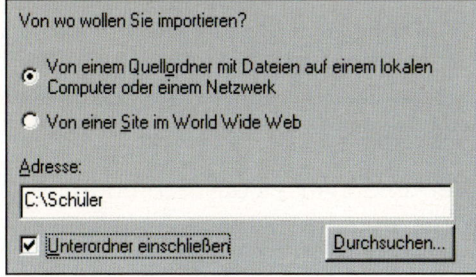

Bearbeitungsschritte (Fortsetzung):

- Klicken Sie danach die Schaltfläche **Weiter** an.

- Wenn Sie eine oder mehrere Dateien nicht übertragen möchten, markieren Sie die Dateien und klicken danach auf die Schaltfläche **Ausschließen**. Mit dem Anklicken der Schaltfläche **Aktualisieren** werden alle Dateien wieder angezeigt. Alle Dateien können dann wieder importiert werden.

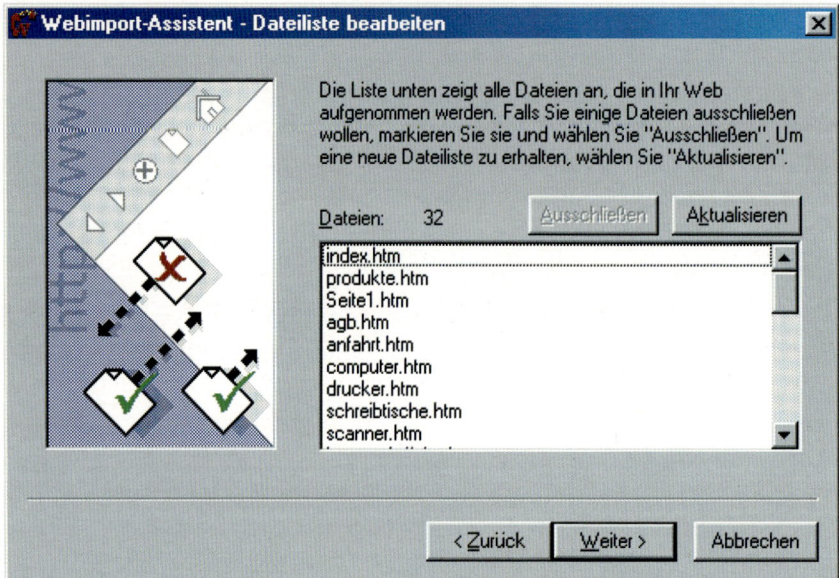

- Da alle Dateien übertragen werden sollen, klicken Sie die Schaltfläche **Weiter** an.

- Im Fenster **Webimport-Assistent - Fertig stellen** klicken Sie die Schaltfläche **Fertig stellen** an.

- Da im Web *Schüler1* die Datei *Homepage (index.htm)* bereits vorhanden ist, wird abgefragt, ob die bereits vorhandene Datei *(index.htm)* durch die importierte Datei ersetzt werden soll.

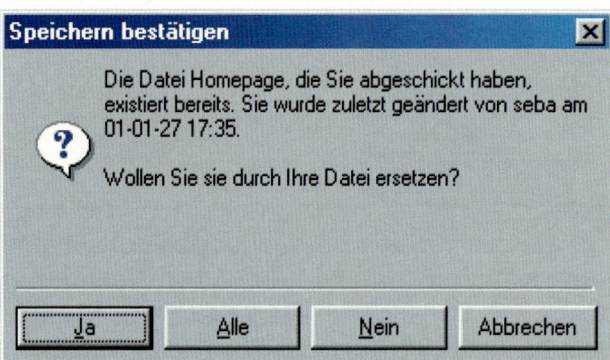

- Klicken Sie die Schaltfläche **Ja** an, da die vorhandene Datei *index.htm* noch ohne Inhalte ist. Die importierte Datei *index.htm* mit Inhalten soll die bisherige Datei ersetzen. Wenn das Web *Schüler* vollständig in das Web *Schüler1* übertragen werden soll, kann auch sofort die Schaltfläche **Alle** angeklickt werden. Damit ist sichergestellt, dass die beiden Webs vollständig identisch sind.

- Danach werden alle Dateien in das neue Web importiert. Das ursprüngliche Web bleibt erhalten. Im neuen Web können nun die entsprechenden Änderungen, die beabsichtigt sind, vorgenommen werden.

9 Hyperlinks (Links)

9.1 Vorbemerkungen

Zum Aufrufen von Seiten innerhalb des Webs bzw. anderer Seiten im Internet oder in einem Intranet stehen verschiedene Möglichkeiten zur Verfügung:

- Links (Hyperlinks) auf Texte und Grafiken
- Hoverschaltflächen
- Navigationsleisten

Die einzelnen Möglichkeiten werden in den nächsten Kapiteln beschrieben. Damit die Originaldateien nicht immer wieder überschrieben werden, sollten Sie die gesamten bisher erstellten Dateien inklusive der Unterverzeichnisse in neue Webs mit den Namen *Schüler1* bis *Schüler3* importieren. Auf diese Weise stehen alle bisher erstellten Dateien auch später noch zur Verfügung.

Die einzelnen Seiten sollen jeweils so miteinander verbunden werden, dass von der Seite Homepage (*index.htm*) die Seiten *Produkte*, *AGB*, *Kontakt* und *Anfahrt* angesprungen werden können. Die Seite *Produkt* soll wiederum die Möglichkeit bieten, die einzelnen Produktseiten aufzurufen.

Selbstverständlich soll von allen Seiten wieder auf die *Homepage* und von den einzelnen Produktseiten auf die Seite *Produkte* verlinkt werden.

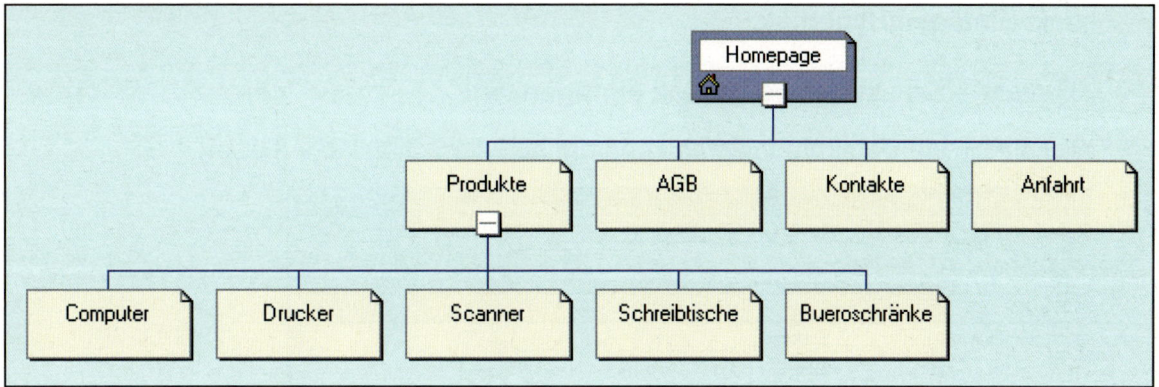

9.2 Hyperlinks auf Seiten im eigenen Web

Die einfachste Möglichkeit, Seiten miteinander zu verknüpfen, ist das Einfügen von *Hyperlinks* in eine Seite. Die einzelnen *Links* sollen in einer Tabelle platziert werden, damit eine vernünftige Darstellung realisiert wird. Selbstverständlich können die *Links* auch ohne Tabelle an jede gewünschte Stelle auf einer Seite gesetzt werden. Dies ist beispielsweise beim Rücksprung von einer Seite zur Homepage (*index.htm*) vernünftig.

Bearbeitungsschritte:

- Erstellen Sie das Web *Schüler1*. Importieren Sie alle Dateien aus dem Web *Schüler* bzw. kopieren Sie die Dateien mit Hilfe des Windows-Explorers.

- Entfernen Sie zunächst von der Seite *index.htm* die beiden Grafiken, damit auf der ersten Seite mehr Platz zur Verfügung steht.

- Stellen Sie den Cursor unter den Text und wählen Sie den Menüpunkt **Tabelle/Einfügen/Tabelle**.

Bearbeitungsschritte (Fortsetzung):

- Legen Sie die einzelnen Optionen wie folgt fest. Selbstverständlich können Sie die Rahmenstärke usw. anders wählen.

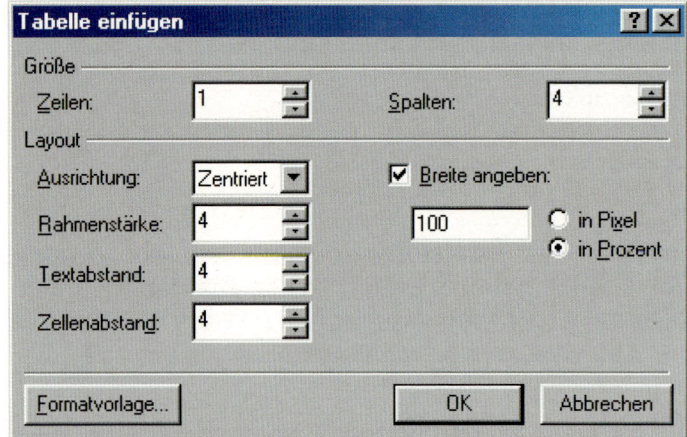

- Die folgende Tabelle wird eingeblendet:

- Stellen Sie den Cursor in die erste Zelle der Tabelle. Wählen Sie dann den Menüpunkt **Einfügen/Hyperlink**.

  Alternative: Schaltfläche **Hyperlink einfügen**

- Klicken Sie die Datei *produkte.htm* und danach die Schaltfläche **OK** an.

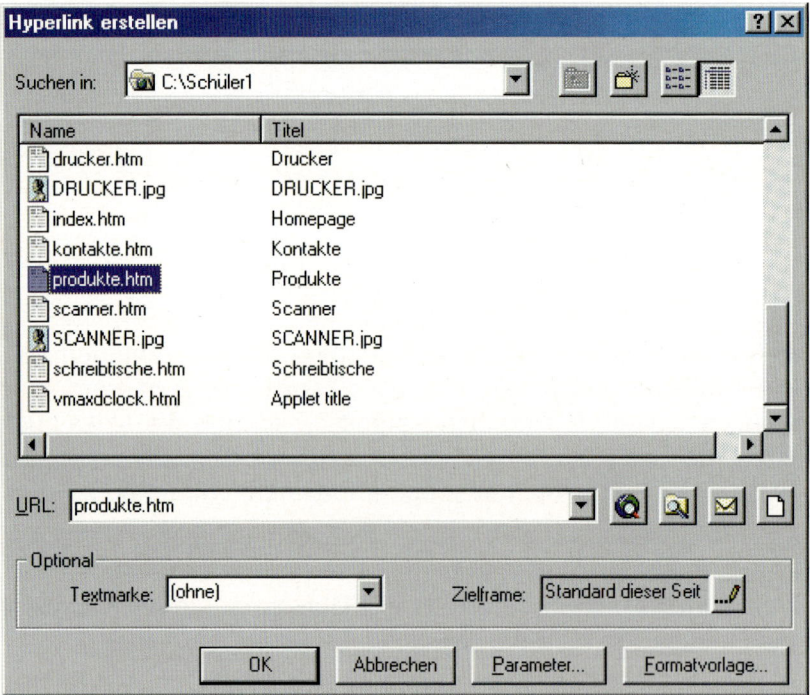

- Der *Link (Hyperlink)* wird in der Tabelle angezeigt:

Hyperlinks auf Seiten im eigenen Web

Bearbeitungsschritte (Fortsetzung):

- Soll eine Verlinkung innerhalb des Webs vorgenommen werden, steht außerdem eine besonders bequeme Möglichkeit zur Verfügung.

- Markieren Sie durch Anklicken die Datei *agb.htm* in der Ordnerliste. Ziehen Sie die Datei bei gedrückter linker Maustaste in die zweite Zelle der Tabelle. Die Verlinkung wurde korrekt vorgenommen.

- Nehmen Sie die weiteren Verlinkungen vor:

- Werden die Hyperlinks nicht zentriert in den einzelnen Zellen angezeigt, sollte die Tabelle markiert und danach die Schaltfläche **Zentriert** angeklickt werden.

- Geben Sie dem Web das Design *Kapseln*. Speichern Sie die Seite ab. Testen Sie die Seite über die Schaltfläche **Vorschau im Browser** im Internet-Browser.

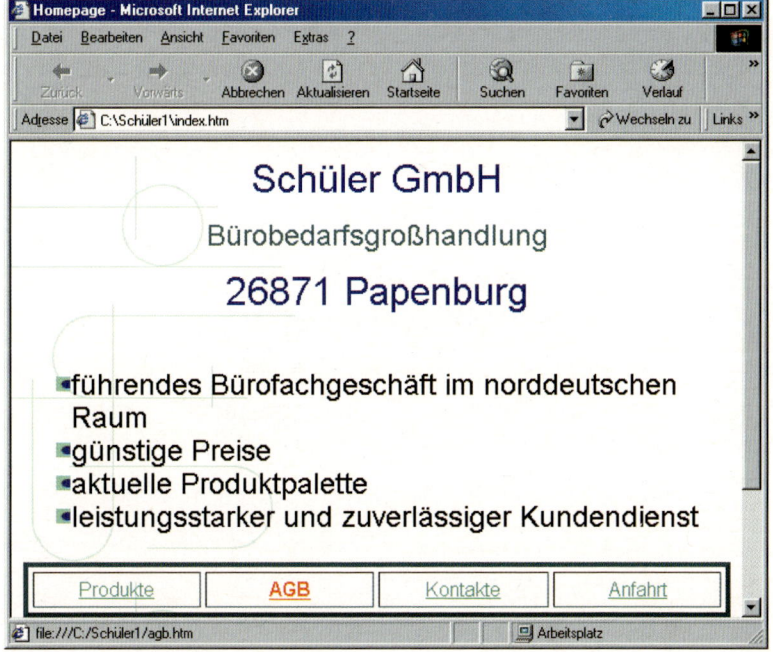

- Durch Anklicken der *Links* werden nun Verbindungen zu den einzelnen Seiten hergestellt. Bauen Sie *Links* so in das Web ein, dass Sie von allen Seiten auf die *Homepage* zurückspringen können. Außerdem soll man von den einzelnen Produktseiten zur Seite *Produkte* gelangen können. Dabei sollten Sie eine weitere Möglichkeit der Verlinkung ausprobieren. Schreiben Sie auf der Seite *agb.htm* das Wort *Home*, markieren Sie das Wort anschließend und wählen Sie danach den Menüpunkt **Einfügen/Hyperlink**. Im Fenster **Hyperlink bearbeiten** können Sie dann wie beschrieben die Datei auswählen, zu der verlinkt werden soll.

- Wenn Sie Änderungen an einem *Link* vornehmen wollen, müssen Sie nur den Cursor in den entsprechenden *Link* stellen, die rechte Maustaste drücken und den Menüpunkt **Hyperlinkeigenschaften** wählen. Danach können Sie die entsprechenden Veränderungen vornehmen.

9.3 Hyperlinks auf Seiten im Internet

Die Verlinkung auf eine Seite im Internet oder in einem Intranet unterscheidet sich nur unwesentlich von der Verlinkung im eigenen Web.

Bearbeitungsschritte:

- Wählen Sie in der Ordnerliste die Datei *kontakte.htm* aus. Auf dieser Seite soll ein Hyperlink auf eine Adresse im Internet gesetzt werden.

- Wählen Sie den Menüpunkt **Einfügen/Hyperlink**. Geben Sie danach die Adresse an, die angesprungen werden soll.

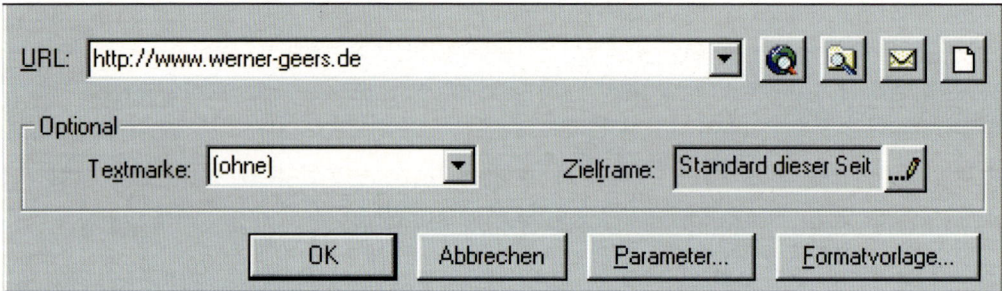

- Das Ergebnis wird angezeigt:

- Wenn Sie nicht die gesamte Adresse, sondern beispielsweise nur einen Namen anzeigen lassen möchten, können Sie den Text entsprechend ändern.

- Außerdem können Sie auch den Namen eingeben, ihn danach markieren und dann den Menüpunkt **Einfügen/Hyperlink** wählen. Im Fenster **Hyperlink erstellen** können Sie dann wie beschrieben die Adresse (*www.kieser-verlag.de*) eingeben.

- Sie können auch mit Hilfe der Schaltfläche **Mit Hilfe des Webbrowser eine Seite oder Datei auswählen** eine Seite auswählen. Klicken Sie die Schaltfläche an. Falls keine Verbindung zum Internet besteht, wird diese wenn möglich aufgebaut. Die jeweilige gewählte Adresse (URL) wird dann im Fenster angezeigt.

- Beim Test in einem Internet-Browser werden Sie feststellen, dass von der Seite Kontakte die entsprechende Adresse im Internet angesprungen wird. Bedenken Sie dabei immer, dass der Internetnutzer über den *Link* die eigene Internetpräsenz verlässt.

Einfügen einer E-Mail-Adresse 27

9.4 Einfügen einer E-Mail-Adresse

Das Einfügen einer E-Mail-Adresse ist im Wesentlichen identisch mit dem Einfügen einer Internetadresse.

Bearbeitungsschritte:

- Wählen Sie den Menüpunkt **Einfügen/Hyperlink**. Klicken Sie danach im Fenster **Hyperlink bearbeiten** die Schaltfläche **Einen Hyperlink erstellen, der eine E-Mail sendet** an.

- Geben Sie die gewünschte E-Mail-Adresse an:

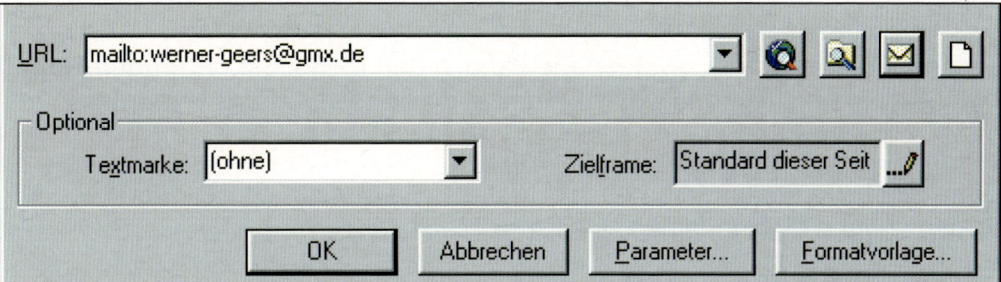

- Die gewünschte Adresse ist danach eingetragen:

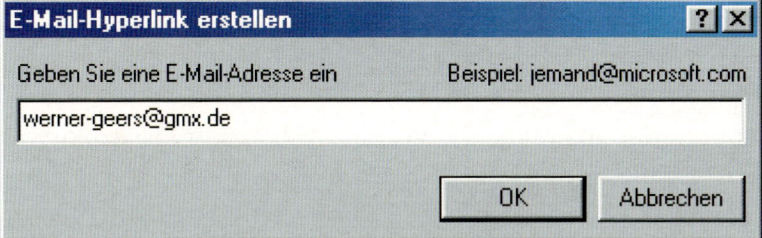

- Die Anzeige kann nun, wie bereits im vorherigen Menüpunkt gezeigt wurde, verändert werden, z. B. in das Wort *E-Mail*.

- Außerdem können Sie auch den Namen eingeben, ihn danach markieren und dann den Menüpunkt **Einfügen/Hyperlink** wählen. In den Fenstern **Hyperlink erstellen** und **E-Mail-Hyperlink erstellen** können Sie dann die E-Mail-Adresse eingeben.

- Wenn Sie Änderungen vornehmen wollen, müssen Sie nur den Cursor in den entsprechenden *Link* stellen, die rechte Maustaste drücken und den Menüpunkt **Hyperlinkeigenschaften** wählen. Danach können Sie die entsprechenden Veränderungen vornehmen.

9.5 Hyperlinks auf einer Grafik

Über eine Grafik kann ebenfalls eine Verlinkung auf eine Adresse im eigenen Web und ins Internet vorgenommen werden. Die Bearbeitungsmöglichkeiten von Grafiken werden später gezeigt. Hier wird nur die Nutzung einer Grafik für einen Link angesprochen.

Bearbeitungsschritte:

- Fügen Sie über den Menüpunkt **Einfügen/Bild/ClipArt** ein ClipArt in die Datei *kontakte.htm* ein. Über den Suchbegriff *E-Mail* werden ClipArts angezeigt.

- Fügen Sie, falls vorhanden, das folgende ClipArt ein. Ansonsten sollte ein vorhandenes Bild genommen werden.

- Markieren Sie das ClipArt. Wählen Sie danach den Menüpunkt **Einfügen/Hyperlink** bzw. über das Kontextmenü (rechte Maustaste) den Menüpunkt **Hyperlink**.

- Das Fenster **Hyperlink erstellen** wird eingeblendet. Nun können Sie einen Hyperlink ins eigene Web, ins Internet usw. setzen. Es bietet sich bei dem abgebildeten ClipArt an, einen Link auf eine E-Mail-Adresse zu setzen.

- Fährt man im Internet-Browser das ClipArt mit der Maus an, so wird unten in der Statusleiste angegeben, dass nach dem Anklicken eine Mail an die angegebene Adresse versandt werden kann. Ein installiertes E-Mail-Programm wird aufgerufen.

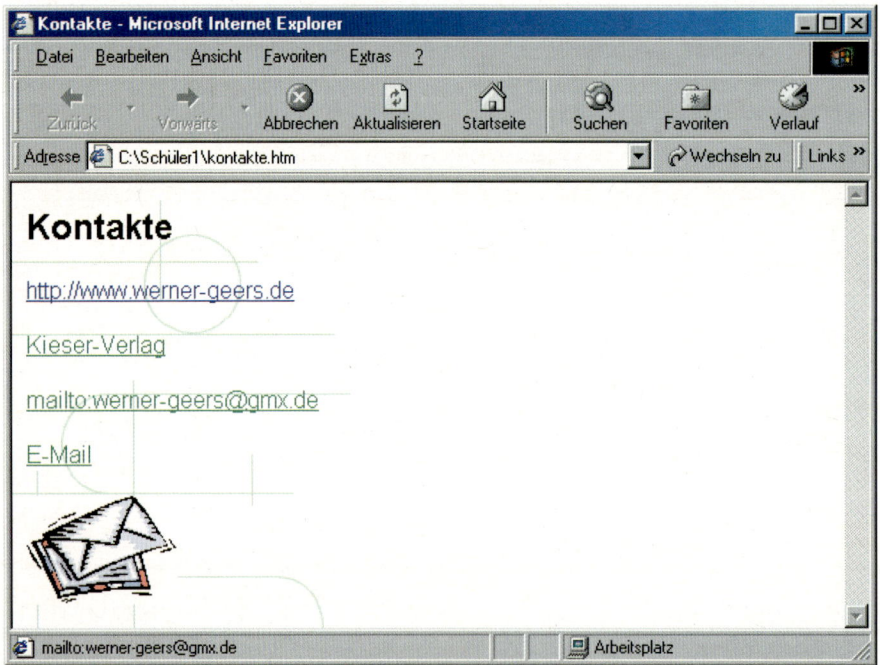

- Das Setzen mehrerer Links auf einer Grafik wird in Kapitel *Grafik* erklärt.

Hyperlinks auf Textmarken 29

9.6 Hyperlinks auf Textmarken

Innerhalb einer Seite kann mit Hilfe so genannter Textmarken von einer Stelle zur anderen gesprungen werden. *Allgemeine Geschäftsbedingungen* sollten beispielsweise auf einer Seite dargestellt werden, möchte ein Benutzer jedoch beispielsweise nur die Regelungen über den *Eigentumsvorbehalt* lesen, so muss die Seite so aufgebaut sein, dass er über einen Hyperlink sofort den entsprechenden Bereich erreichen kann. Danach muss über einen weiteren Hyperlink der Rücksprung möglich sein.

Die folgenden *Allgemeinen Geschäftsbedingungen* sollen in die Seite *AGB.htm* eingefügt werden. Die Seite wird später für die Erklärung anderer Sachverhalte ebenfalls benötigt.

Allgemeine Geschäftsbedingungen

1   Umfang der Lieferung

Der Umfang der Lieferung ergibt sich aus dem schriftlichen Angebot und/oder der schriftlichen Auftragsbestätigung des Lieferanten. Bei mündlicher oder telefonischer Bestellung ist die schriftliche Auftragsbestätigung maßgebend. Zusätzliche Vereinbarungen bedürfen grundsätzlich der schriftlichen Bestätigung.

2   Preise und Zahlungsbedingungen

Die Preise gelten ab Papenburg einschließlich Verpackung.

Die Rechnungen sind innerhalb von 8 Tagen nach Rechnungsdatum unter Abzug von 2 % Skonto oder nach 30 Tagen ohne Abzug zu begleichen.

3   Eigentumsvorbehalt

Alle gelieferten Waren bleiben bis zur vollständigen Bezahlung unser Eigentum.

4   Gefahrenübergang und Versand

Wir liefern stets auf Rechnung und Gefahr des Bestellers. Die Gefahr geht auf den Kunden über, sobald die Ware unser Lager verlassen hat.

Sofern der Käufer keine Versandvorschriften angegeben hat, ist uns die Wahl des Beförderungsmittels überlassen.

5   Transportschäden

Transportschäden müssen beim Empfang der Ware sofort angezeigt werden.

6   Gerichtsstand und Erfüllungsort

Erfüllungsort und Gerichtsstand ist für beide Teile Papenburg.

Bearbeitungsschritte:

- Rufen Sie die Seite *AGB.htm* auf. Geben Sie die auf der vorherigen Seite dargestellten *Allgemeinen Geschäftsbedingungen* ein.

- Fügen Sie die Tabelle mit den Inhalten oberhalb des bisherigen Textes ein:

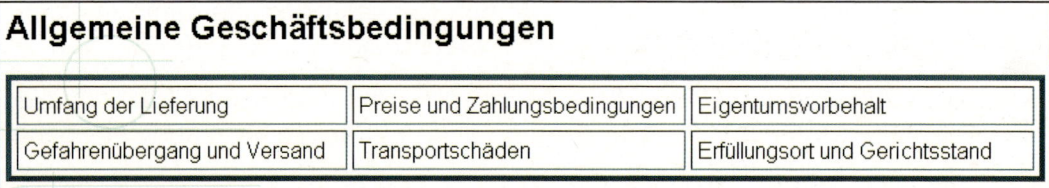

- Markieren Sie die nachfolgende Bezeichnung.

- Wählen Sie den Menüpunkt **Einfügen/Textmarke**. Das Fenster **Textmarke** wird eingeblendet.

- Nach dem Anklicken der Schaltfläche **OK** ist die Textmarke gesetzt. Sie kann jetzt mit einem *Link* (*Hyperlink*) angesprungen werden.

- Markieren Sie in der Tabelle die Worte *Umfang der Lieferung*.

- Wählen Sie den Menüpunkt **Einfügen/Hyperlink**. Im Fenster **Hyperlink erstellen** wählen Sie die Textmarke *Umfang der Lieferung* aus.

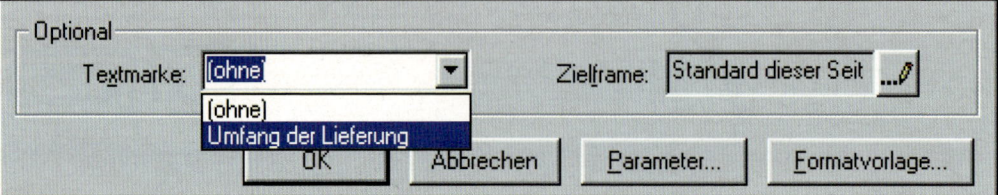

Hyperlinks auf Textmarken

Bearbeitungsschritte (Fortsetzung):

- Nach dem Anklicken der Schaltfläche **OK** ist der *Link* auf den entsprechenden Bereich der *Allgemeinen Geschäftsbedingungen* gelegt. Probieren Sie die Wirkung im Internet Explorer aus.

- Bestimmen Sie nun die anderen Textmarken.

- Legen Sie die entsprechenden *Links* auf die Textmarken.

- Ein Rücksprung auf den Anfang der Seite muss ebenfalls realisiert werden. Legen Sie daher eine Textmarke auf das Wort *Allgemeine Geschäftsbedingungen*. Anschließend schreiben Sie das Wort *Anfang* und legen einen *Link* auf die *Allgemeinen Geschäftsbedingungen*.

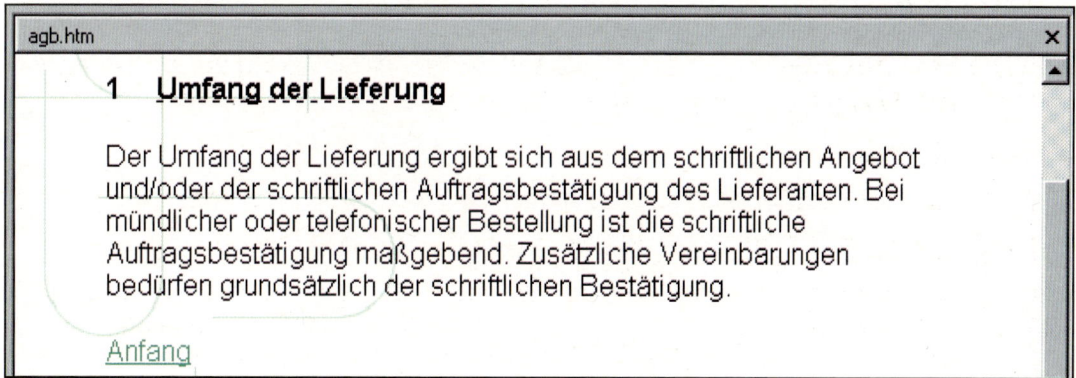

- Markieren Sie das Wort *Anfang*.

- Wählen Sie den Menüpunkt **Bearbeiten/Kopieren**.

- Fügen Sie über den Menüpunkt **Bearbeiten/Einfügen** das Wort *Anfang* mit dem *Link* unter die einzelnen Bereiche (*Preise und Zahlungsbedingen usw.*) der *Allgemeinen Geschäftsbedingungen* ein. Sie können danach jeweils wieder an den Anfang der Seite springen.

- Probieren Sie die Ergebnisse im Internet-Explorer aus.

10 Hoverschaltflächen

So genannte Hoverschaltflächen bieten die Möglichkeit, Verlinkungen über animierte Flächen vorzunehmen. So wird beispielsweise der Text einer Schaltfläche beim Anfahren mit der Maus bewegt, Farben werden ausgetauscht oder ein Bild durch ein anderes ersetzt. Grundsätzlich unterscheidet sich diese Art der Verlinkung jedoch nicht von der vorher beschriebenen.

Verschiedene Möglichkeiten sollen anhand eines Beispiels ausprobiert werden. Selbstverständlich würde man in einem Web nur eine der gezeigten Möglichkeiten benutzen.

Bearbeitungsschritte:

- Erstellen Sie das Web *Schüler2*. Importieren Sie alle Dateien aus dem Web *Schüler* bzw. kopieren Sie die Dateien mit Hilfe des Windows-Explorers.

- Entfernen Sie zunächst von der Seite *index.htm* die beiden Grafiken, damit auf der ersten Seite mehr Platz zur Verfügung steht.

- Fügen Sie die folgende Tabelle wie beschrieben ein:

- Stellen Sie den Cursor in die erste Zelle.

- Wählen Sie den Menüpunkt **Einfügen/Komponente/Hoverschaltfläche**.

  Alternative: Schaltfläche **Komponente einfügen** / **Hoverschaltfläche**

- Geben Sie dem Schaltflächentext den angegebenen Namen. Wählen Sie nach dem Anklicken der Schaltfläche **Durchsuchen** im Fenster **Hyperlink für Hoverschaltfläche wählen** die Datei *produkte.htm* aus. Die Schaltflächenfarbe soll *rot* und die Effektfarbe *blau* sein. Als Effekt wählen Sie *Leuchten* aus. Geben Sie außerdem die Breite und Höhe der Schaltfläche an. Über die Schaltfläche **Schriftart** können Sie bei Bedarf die Schriftart und Schriftgröße wählen.

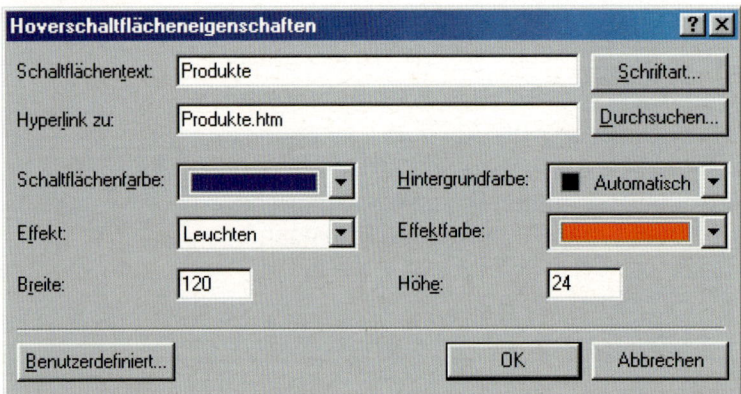

- Nach Anklicken der Schaltfläche **OK** wird die Schaltfläche eingeblendet.

- Probieren Sie den Effekt im Internet-Browser aus. Beim Anfahren mit der Maus wird die blaue Schaltfläche in eine rot-blaue Schaltfläche verwandelt.

Hyperlinks auf Textmarken 33

Bearbeitungsschritte (Fortsetzung):

- Wählen Sie in der zweiten Zelle der Tabelle die folgende Möglichkeit aus:

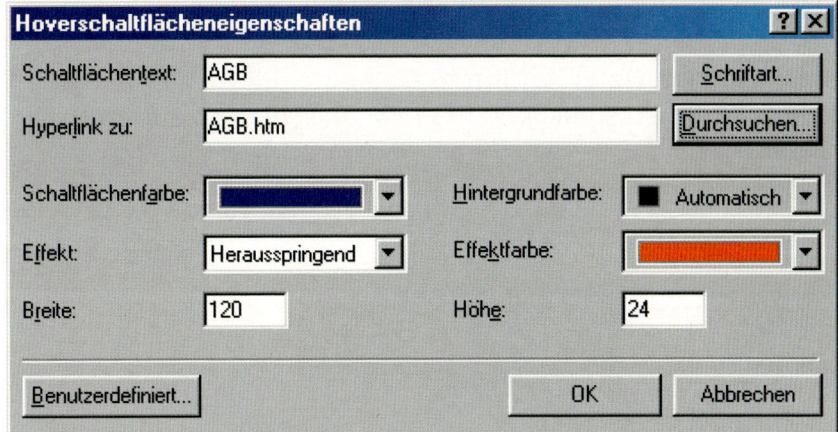

- Der Text wird sich beim Anspringen mit der Maus bewegen.

- Probieren Sie für die dritte Schaltfläche auf der Seite *kontakt.htm* einen weiteren Effekt aus.

- Für die vierte Schaltfläche soll eine benutzerdefinierte Lösung gewählt werden.

- Füllen Sie zunächst die Bereiche **Schaltflächentext** und **Hyperlink zu** aus.

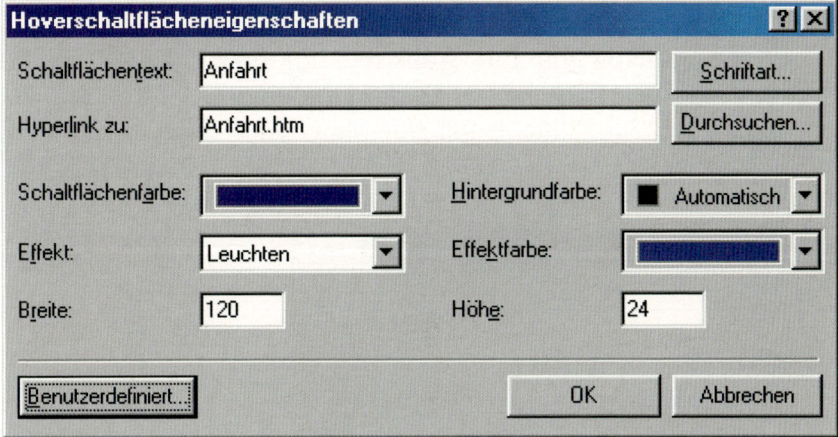

- Klicken Sie danach die Schaltfläche **Benutzerdefiniert** an. Sie werden nun aufgefordert, benutzerdefinierte Sounds oder Bilder einzufügen.

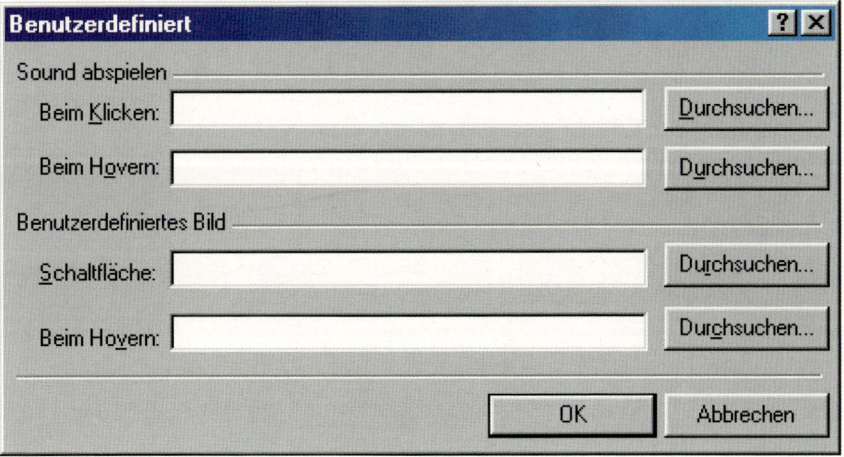

Bearbeitungsschritte (Fortsetzung):

- Stellen Sie den Cursor in den Bereich **Benutzerdefiniertes Bild/Schaltfläche** und klicken Sie die Schaltfläche **Durchsuchen** an. Im Fenster **Bild wählen** können Sie nun ein Bild wählen, das auf Ihrem Computer vorhanden ist. Nach Anklicken der Schaltfläche **Wählen Sie eine Datei auf Ihrem Computer** können Sie das Verzeichnis bestimmen, wo die entsprechende Grafik zu finden ist, im dargestellten Beispiel im Verzeichnis *Schüler2*.

    Hinweis: Die in diesem Beispiel benutzten Grafiken können von der Homepage *www.werner-geers.de* im Bereich *Bücher/FrontPage* geladen werden.

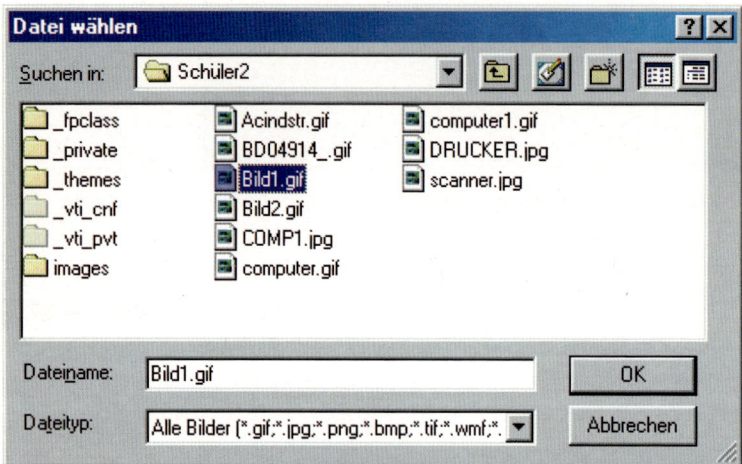

- Wählen Sie die folgenden Grafiken aus. Die Grafik *Bild1.gif* stellt lediglich eine blaue Fläche zur Verfügung, die Grafik *Bild2.gif* hat zusätzlich einen roten Kreis im linken Bereich. Beim Anwählen der Schaltfläche mit der Maus wird dann der rote Kreis dargestellt. Wenn Sie den Effekt *Herausspringend* im Fenster **Hoverschaltflächeneigenschaften** wählen, wird zusätzlich der Text noch bewegt.

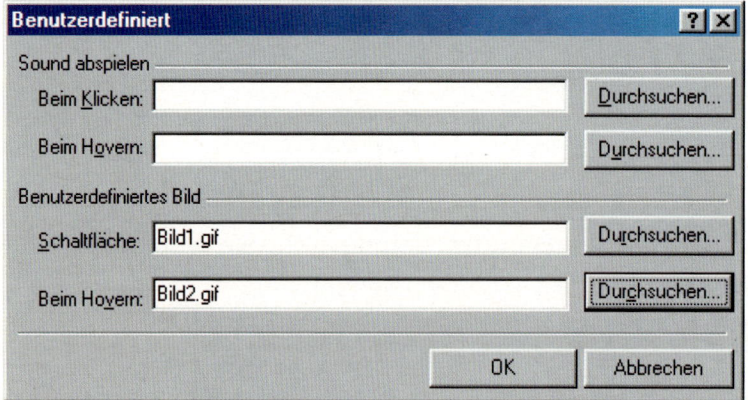

- Klicken Sie die Schaltflächen **OK** in den Fenstern **Benutzerdefiniert** und **Hoverschaltflächeneigenschaften** an. Damit stehen vier unterschiedliche Schaltflächen zur Verfügung.

- Sie können nun im Internet-Browser das Ergebnis ansehen. Im Normalfall wird man jedoch nicht verschiedene Arten von Hoverschaltflächen benutzen, sondern im gesamten Web eine bestimmte Art der Darstellung wählen.

Übungen 35

Übungen:

1. Die einzelnen Seiten der Homepage ihrer Schule (siehe Seite 20) sollen miteinander verlinkt werden. Es ist Ihnen überlassen und sicherlich auch in Abhängigkeit von den erstellten Seiten, wo Sie die Verlinkungen auf den Seiten platzieren.

   a) Importieren Sie alle Dateien des Webs *Schule* in ein neues Web mit dem Namen *Schule1*, damit die Ursprungsdateien erhalten bleiben.

   b) Erstellen Sie von der Homepage (*index.htm*) Verlinkungen auf folgende Seiten:

   | Schulleitung | Schulformen | Projekte | Schülerzeitung |

   c) Von der Seite *Schulformen* soll auf die einzelnen Schulformen verlinkt werden. Außerdem soll zurück auf die Homepage gesprungen werden können.

   | Berufsschule | Berufsfachschulen | Fachoberschulen | Fachgymnasium | Homepage |

   d) Nehmen Sie die restlichen Verlinkungen vor. Von jeder Seite soll auf die vorherigen Seiten und die Homepage gesprungen werden können. So könnte die Verlinkung auf der Seite *Bankkaufmann* folgendermaßen aussehen:

   | Homepage | Schulformen | Berufsschule |

   e) Auf den Seiten mit Berufsbildern und Schulformen sollen die einzelnen Unterpunkte wie *Bildungsziel* usw. über eine Textmarke angesprungen werden. Außerdem muss jeweils ein Rücksprung zum Seitenanfang gewährleistet sein.

   | Bildungsziel | Aufnahmevoraussetzungen | Abschlüsse | Stundentafel | Anmeldung und Beratung |

2. Die Verlinkungen lassen sich auch über Hoverschaltflächen realisieren.

   a) Erstellen Sie ein neues Web unter dem Namen *Schule2* und importieren Sie alle Dateien auf dem Web *Schule* in dieses Web.

   b) Nehmen Sie alle Verlinkungen, die in der Aufgabe 1 vorgenommen wurden, mit Hilfe von Hoverschaltflächen vor.

   | Schulleitung | Schulformen | Projekte | Schülerzeitung |

   c) Benutzen Sie, falls möglich, eigene Grafiken, um benutzerdefinierte Hoverschaltflächen einzubauen.

   d) Entscheiden Sie, ob es sinnvoll ist, auf den einzelnen Seiten der Schulformen Textmarken ebenfalls mit einer Hoverschaltfläche anzuspringen. Bauen Sie die Schaltflächen unter Umständen ein oder belassen Sie es bei den Hyperlinks.

3. Arbeiten Sie an Ihrer privaten Homepage weiter.

   Nehmen Sie die Verlinkungen entweder mit Hilfe der Hyperlinks oder mit Hilfe der Hoverschaltflächen vor. Unter Umständen sollten Sie das Web ebenfalls duplizieren, um beide Möglichkeiten auszuprobieren.

11 Navigationsleisten

11.1 Vorbemerkungen

Eine weitere sehr formschöne Art der Verlinkungen kann über Navigationsleisten realisiert werden. Besonders für kleine überschaubare Webs eignet sich diese Möglichkeit. In vom Programm vorgegebenen Randbereichen oder in frei zu bestimmenden Bereichen werden die entsprechenden Navigationsschaltflächen angebracht.

11.2 Navigationsstruktur

Bei der Navigation durch ein Web muss zuvor die Struktur des Webs genau festgelegt werden. Es muss also bestimmt werden, von welchen Seiten welche Seiten angesprungen werden sollen.

Bearbeitungsschritte:

- Erstellen Sie das Web *Schüler3*. Importieren Sie alle Dateien aus dem Web *Schüler* bzw. kopieren Sie die Dateien mit Hilfe des Windows-Explorers.

- Entfernen Sie zunächst von der Seite *index.htm* die beiden Grafiken, damit auf der ersten Seite mehr Platz zur Verfügung steht.

- Klicken Sie in der Ansichtenleiste die **Navigationsansicht** an.

- Markieren Sie die Datei *index.htm* in der Ordnerliste und ziehen Sie sie bei gedrückter linker Maustaste in den rechten Navigationsbereich.

- Markieren Sie danach die Datei *produkte.htm*. Fahren Sie mit der Maus auf die Bezeichnung *Homepage* im rechten Navigationsbereich. Sind die beiden Bezeichnungen durch eine Linie miteinander verbunden, können Sie die linke Maustaste loslassen. Die beiden Seiten sind jetzt in einer Über- und Unterordnung miteinander verbunden, sodass sie über Navigationsschaltflächen angesprungen werden können.

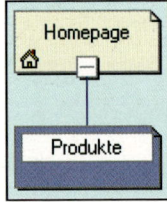

- Fügen Sie danach die nächsten Dateien in die Struktur ein.

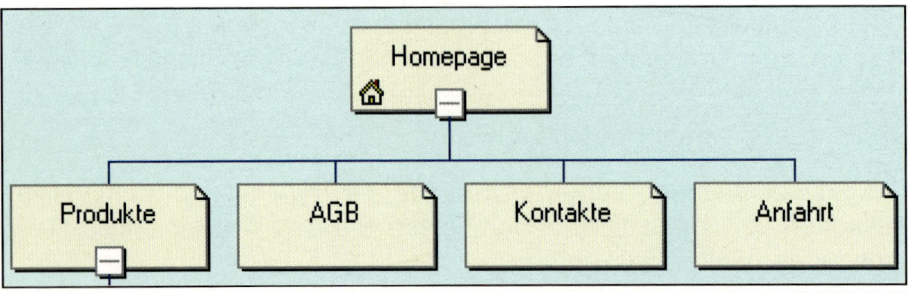

Bearbeitungsschritte (Fortsetzung):

- Fügen Sie danach die einzelnen Produktgruppen ein:

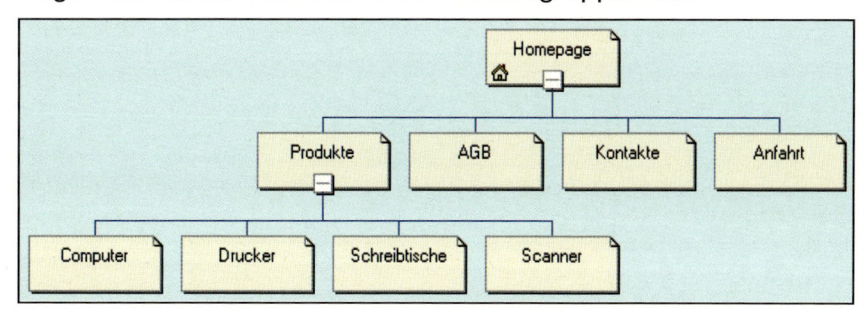

```
                    Homepage
                       │
       ┌───────────┬───┴───────┬───────────┐
    Produkte       AGB      Kontakte     Anfahrt
       │
  ┌────┼─────────┬──────────────┐
Computer  Drucker  Schreibtische  Scanner
```

- Wenn Sie versehentlich eine Datei eingefügt haben, kann diese nach dem Markieren über den Menüpunkt **Bearbeiten/Löschen** jederzeit gelöscht werden.

- Die Reihenfolge der einzelnen Dateien kann nach dem Markieren bei gedrückter linker Maustaste jederzeit verändert werden.

- Damit auf der ersten Seite nicht das Wort *Homepage* erscheint, sollte der Name in der Navigationsansicht geändert werden. Klicken Sie das Wort *Homepage* an, drücken Sie danach die rechte Maustaste und wählen Sie im Kontextmenü den Menüpunkt **Umbenennen**. Geben Sie dann die neue Bezeichnung ein.

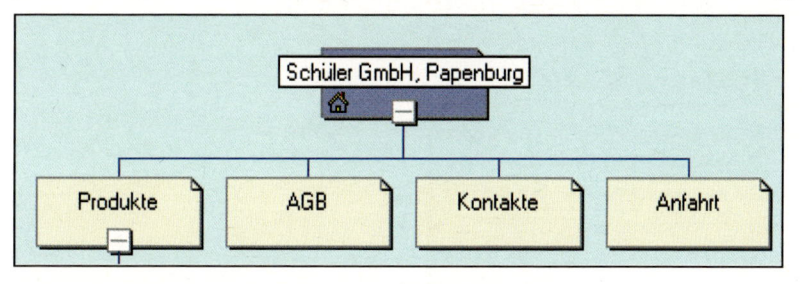

```
              Schüler GmbH, Papenburg
                        │
      ┌──────────┬──────┴──────┬──────────┐
   Produkte     AGB         Kontakte    Anfahrt
```

- Damit ist die Struktur des Webs festgelegt.

11.3 Naviagationsschaltflächen in gemeinsamen Randbereichen

In so genannten gemeinsamen Randbereichen, die für alle Seiten eines Webs festgelegt werden können, werden die Navigationsschaltflächen eingefügt.

Bearbeitungsschritte:

- Wählen Sie im Bereich **Ansichten** den Bereich **Seite**. Bestimmen Sie anschließend, dass die Seite *index.htm* angezeigt wird.

- Wählen Sie den Menüpunkt **Format/Gemeinsame Randbereiche**. Im Fenster **Gemeinsame Randbereiche** legen Sie fest, dass auf allen Seiten oben gemeinsame Randbereiche mit Navigationsschaltflächen eingebaut werden sollen.

Bearbeitungsschritte (Fortsetzung):

- Nach einer Sicherheitsabfrage, die Sie mit **Ja** beantworten, wird der obere Randbereich eingeblendet.

- Markieren Sie den Bereich **Bearbeiten Sie ...** und wählen Sie über die rechte Maustaste (Kontextmenü) den Menüpunkt **Navigationsleisteneigenschaften**.

- Im Fenster **Navigationsleisteneigenschaften** legen Sie fest, dass die **Untergeordnete Ebene** und die **Übergeordnete Seite** angezeigt werden sollen. Damit wird sichergestellt, dass man von jeder Seite zur Homepage zurückkehren und über- und untergeordnete Seiten anspringen kann. Außerdem sollen Schaltflächen horizontal angebracht werden.

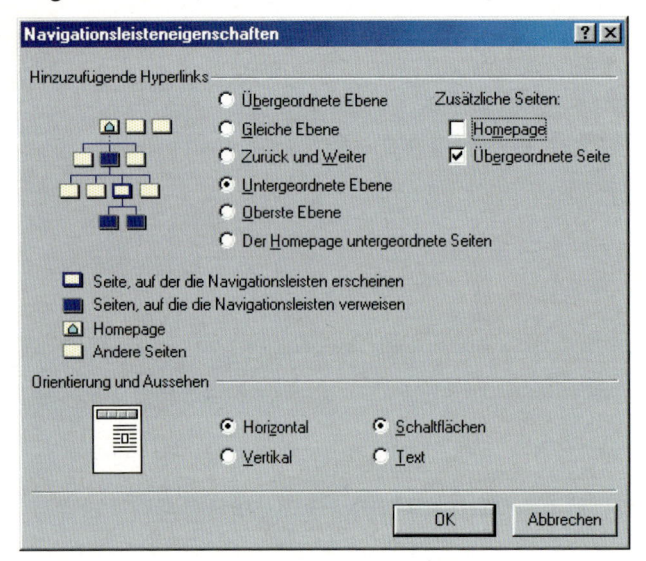

- Das Ergebnis sieht im Browser folgendermaßen aus. Testen Sie, ob die Navigation problemlos möglich ist.

11.4 Weitere Gestaltungsmöglichkeiten der Naviagationsschaltflächen

Einige Variationsmöglichkeiten der Gestaltung von Webs mit Navigationsschaltflächen sollen abschließend kurz dargestellt werden.

Bearbeitungsschritte:

- Markieren Sie die Navigitonsschaltfläche der Seite *index.htm*. Wählen Sie im Kontextmenü den Menüpunkt **Navigationsleisteneigenschaften** und legen Sie im folgenden Fenster fest, dass **Text** angezeigt werden soll.

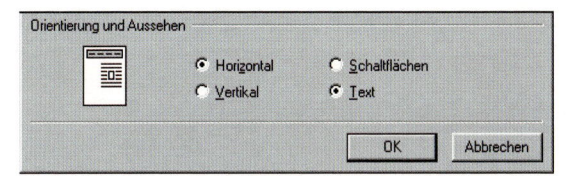

- Das Ergebnis sieht folgendermaßen aus:

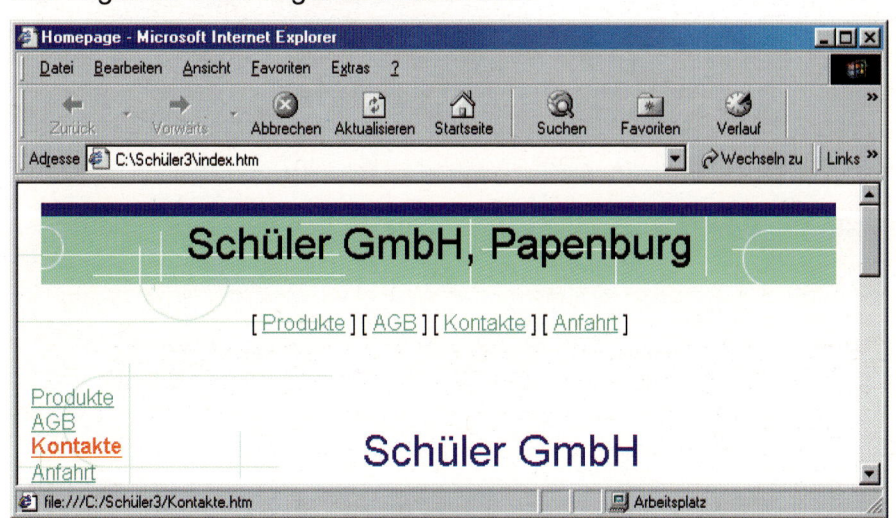

- Wählen Sie den Menüpunkt **Format/Gemeinsame Randbereiche**. Legen Sie fest, dass auch an der linken Seite Navigationsschaltflächen angebracht werden sollen.

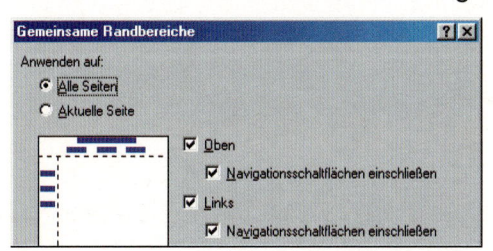

- Das Ergebnis sieht folgendermaßen aus:

Bearbeitungsschritte (Fortsetzung):

- Wählen Sie den Menüpunkt **Format/Gemeinsame Randbereiche**. Geben Sie im Fenster **Gemeinsame Randbereiche** an, dass unten ein Randbereich eingefügt werden soll.

- Fügen Sie über den Menüpunkt **Einfügen/Horizontale Linie** eine Begrenzungslinie im unteren Randbereich ein. Das Aussehen der Linie wird durch das gewählte Format bestimmt.

- Geben Sie den angezeigten Text ein. Fügen Sie dann nochmals eine horizontale Linie ein.

- Der große Vorteil der Navigationsleisten liegt darin, dass das gesamte Web bei der Wahl eines anderen Designs vollkommen verändert aussieht. Probieren Sie daher verschiedene Designs über den Menüpunkt **Format/Design** aus.

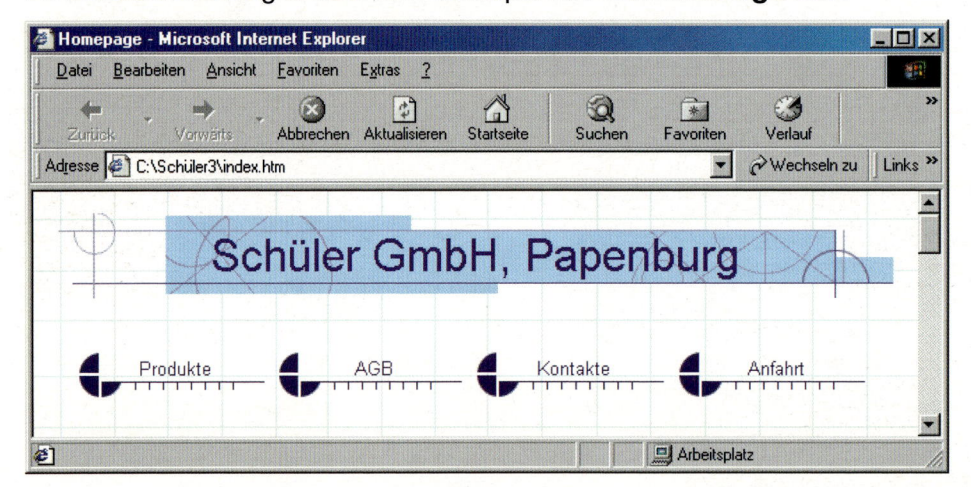

- Designs können individuell verändert werden, sodass der Erstellung formschöner Webs keinerlei Grenzen gesetzt sind. Dies wird später gezeigt.

11.5 Naviagationsschaltflächen außerhalb der Randbereiche

Eine Navigationsleiste kann auch außerhalb von Randbereichen gesetzt werden.

Bearbeitungsschritte:

- Wenn Sie beispielsweise auf der ersten Seite eines Webs am unteren Rand eine Navigationsleiste setzen möchten, wählen Sie den Menüpunkt **Einfügen/Navigationsleiste**. Danach bestimmen Sie im Fenster **Navigationsleisteneigenschaften**, dass die untergeordnete Ebene angezeigt werden soll.

Übungen 41

Übungen:

1. Die Seiten der Homepage Ihrer Schule (siehe Seite 20) sollen über Navigationsleisten verlinkt werden.

   a) Erstellen Sie ein neues Web unter dem Namen *Schule3* und importieren Sie alle Dateien auf dem Web *Schule* in dieses Web. Überprüfen Sie die Navigation Ihres Webs (siehe Seite 20).

   b) Wählen Sie ein Design für Ihr Web (hier abgebildet: *Neon*). Fügen Sie auf der Homepage (*index.htm*) zunächst einen Seitenbanner (*Berufsbildende Schulen*) ein. Erstellen Sie dann Verlinkungen auf folgende Seiten:

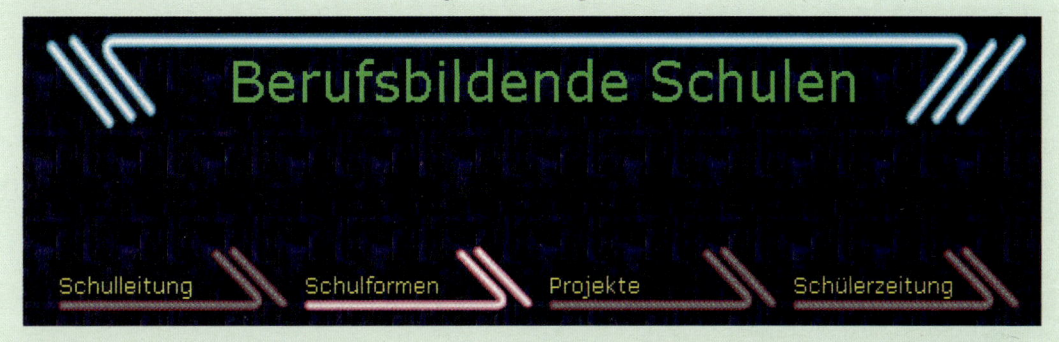

   c) Führen Sie die Verlinkungen auf den sonstigen Seiten durch.

   d) Navigationsleisten bieten verschiedene Möglichkeiten der Gestaltung. Probieren Sie einige davon aus. Speichern Sie die Ergebnisse in weiteren Webs ab.

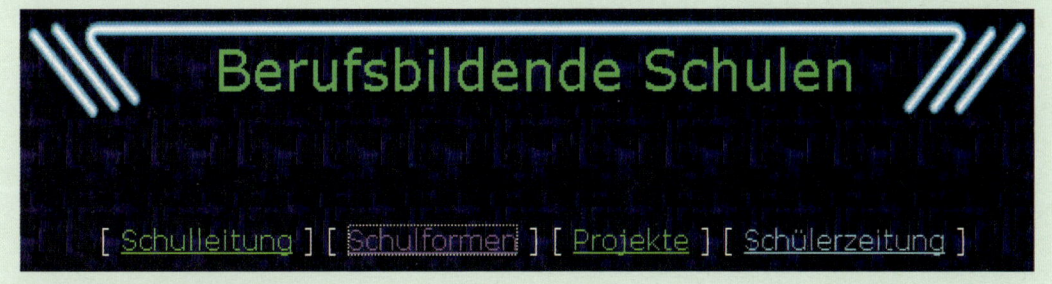

   e) Auch das Einfügen vertikaler Navigationsleisten mit Texten ist möglich:

   f) Es bietet sich auch an, gemeinsame Randbereiche zu definieren und die Schaltflächen in diesen Bereichen einzusetzen:

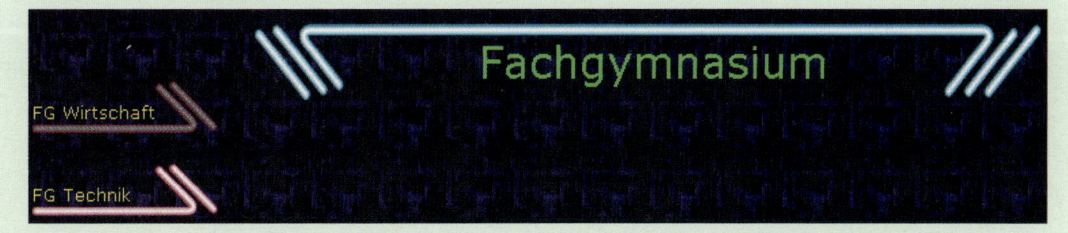

2. Bauen Sie in Ihre persönliche HomePage Navigationsleisten ein.

12 Frameseiten

12.1 Vorbemerkungen

Frameseiten unterteilen den Bildschirm in Bereiche. Es bietet sich an, oben auf einer Seite einen Text (ein Seitenbanner) einzubauen, über die linke Seite eine Menüsteuerung vorzunehmen und die Inhalte im rechten Fenster anzeigen zu lassen.

Die Ergebnis der in diesem Kapitel erstellten Webs können Sie auf der Seite 6 sehen.

12.2 Erstellung eines Webs mit Frameseiten

Zunächst soll ein Web erstellt werden, das Frameseiten enthält.

Bearbeitungsschritte:

- Starten Sie das Programm *FrontPage*. Die angezeigte Seite schließen Sie über den Menüpunkt **Datei/Schließen**.

- Wählen Sie den Menüpunkt **Datei/Neu/Web**. Geben Sie als Adresse des neuen Webs *SchülerFr* an.

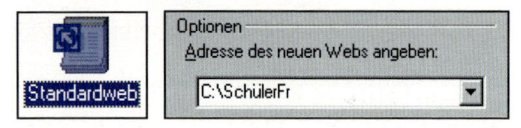

- Wählen Sie den Menüpunkt **Datei/Neu/Seite**. Klicken Sie die Registerkarte *Frameseiten* an und wählen Sie die Option *Banner und Inhaltsverzeichnis*.

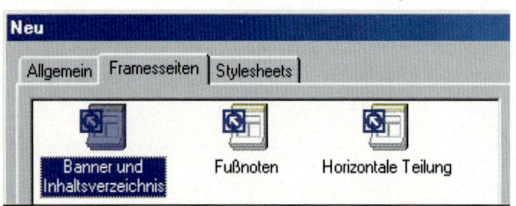

- Auf dem Bildschirm werden die einzelnen Frames angezeigt:

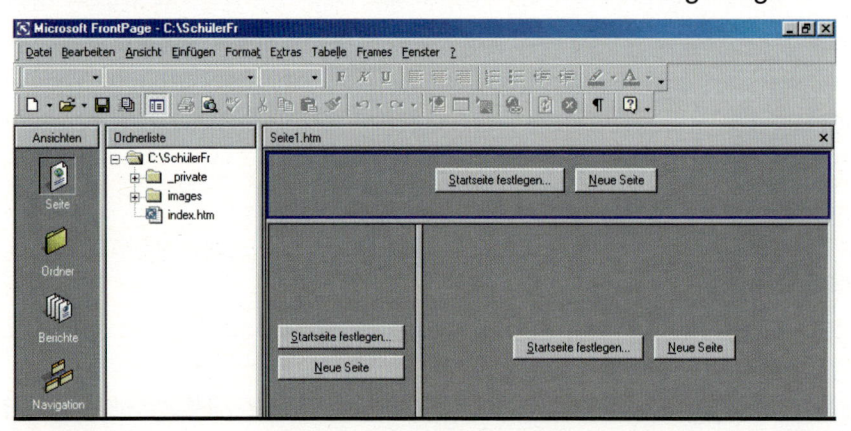

- Klicken Sie im oberen Frame die Schaltfläche **Neue Seite** an. Schreiben Sie das Wort *Banner* in das Frame. Beim späteren Abspeichern der Seite wird die Seite damit automatisch mit *Banner* benannt. Selbstverständlich kann nach dem ersten Abspeichern das Wort, falls es nicht benötigt wird, wieder gelöscht werden.

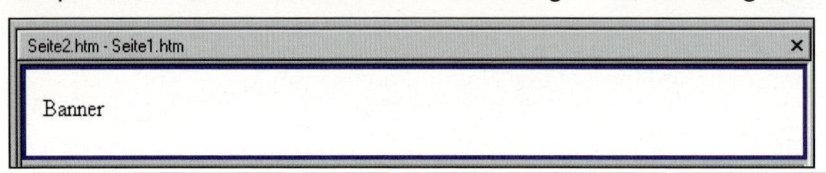

Erstellung eines Webs mit Frameseiten 43

Bearbeitungsschritte (Fortsetzung):

- Analog zum beschriebenen Vorgehen geben Sie im linken Frame das Wort *Menue* und im rechten Frame das Wort *Aktuell* ein.

- Wählen Sie den Menüpunkt **Datei/Speichern**.

  Alternative: Schaltfläche **Speichern**

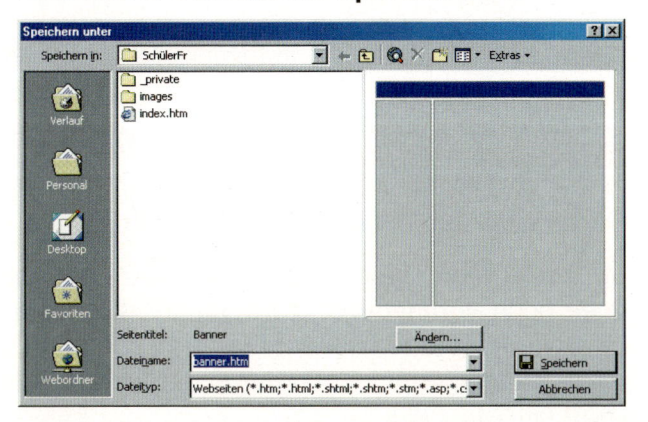

- Klicken Sie die Schaltfläche **Speichern** an. Danach werden Sie automatisch aufgefordert, die Seiten *Frame* und *Aktuell* abzuspeichern.

- Als letztes muss die gesamte Frameseite abgespeichert werden. Da diese Seite im Internet als erstes aufgerufen wird, muss sie unter dem Namen *index.htm* abgespeichert werden.

- Klicken Sie im Fenster **Speichern unter** die Seite *index.htm* in der Ordnerliste an, sodass sie als Dateiname erscheint. Außerdem sollten Sie nach Anklicken der Schaltfläche **Ändern** den Seitentitel in *Schüler GmbH* ändern.

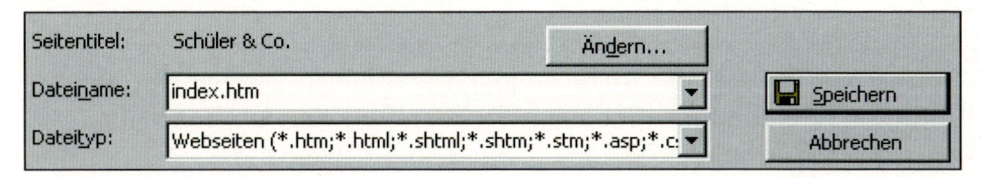

- Klicken Sie die Schaltfläche **Speichern** an. Ersetzen Sie nach der entsprechenden Aufforderung die bestehende automatisch angelegte Seite *index.htm* durch das Anklicken der Schaltfläche **Ja**.

- Erstellen Sie die folgenden neuen Seiten. Sie können die Seiten auch aus bestehenden Webs importieren. Denken Sie daran, dass Grafiken usw. ebenfalls übernommen werden müssen.

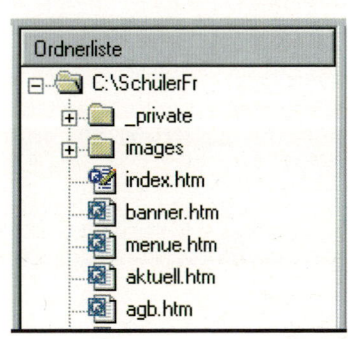

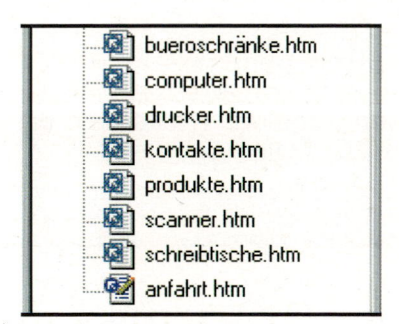

- Es besteht nun die Möglichkeit, *Hyperlinks* oder *Hoverschaltflächen* zur Steuerung des Webs einzusetzen.

12.3 Steuerung des Webs mit Hoverschaltflächen

Einfügen eines Seitenbanners

Bei dem gewählten Frameseitentyp *Banner und Inhaltsverzeichnis* steht am oberen Rand eine Seite zur Verfügung, die in der Regel eine Seitenbezeichnung (Überschrift) enthält, die sich normalerweise auf allen Seiten nicht ändert. Es bietet sich an, auf dieser Seite einen Seitenbanner einzufügen.

Bearbeitungsschritte:

- Damit die Originaldateien erhalten bleiben, erstellen Sie bitte ein neues Web mit dem Namen *SchülerFr1* und importieren die gesamten Dateien des Webs *SchülerFr*. Die Dateien des Webs *SchülerFr* bleiben damit erhalten.

- Wählen Sie über den Menüpunkt **Format/Design** ein Design, z. B. *Geometrie*.

- Rufen Sie die Seite *index.htm* auf. Am oberen Rand befindet sich die Datei *banner.htm*. Entfernen Sie das eventuell noch vorhandene Wort *Banner*. Diese Seite soll entweder einen Text oder einen Seitenbanner enthalten. Die formschönere Darstellung ist meistens ein Seitenbanner. Dieser kann jedoch nur angebracht werden, wenn die Seite im Bereich **Navigation** eingefügt wurde.

- Klicken Sie in der Leiste **Ansichten** den Bereich **Navigation** an. Markieren Sie zunächst die Datei *index.htm* und ziehen Sie sie in den rechten Bereich des Bildschirms. Danach fügen Sie die Datei *banner.htm* ein.

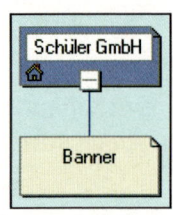

- Kehren Sie zur Seitenansicht zurück. Rufen Sie die Seite *index.htm* auf. Stellen Sie den Cursor in den Bereich der Seite *banner.htm*. Wählen Sie danach den Menüpunkt **Einfügen/Seitenbanner**. Entfernen Sie das Wort *Banner*. Bestimmen Sie die Seitenbannereigenschaften:

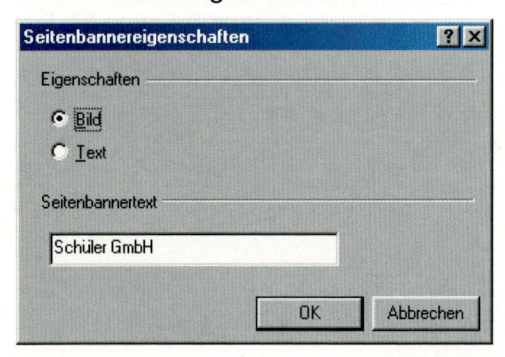

- Das Seitenbanner wird eingefügt. Klicken Sie die Schaltfläche **Zentriert** an, damit der Seitenbanner in die Mitte gesetzt wird.

Steuerung des Webs mit Hoverschaltflächen 45

Einfügen des Inhalts im rechten Frame

Nach dem Laden des Webs wird auf der rechten Seite der Inhalt der Seite *aktuell.htm* angezeigt. Diese Seite muss mit Inhalten gefüllt werden.

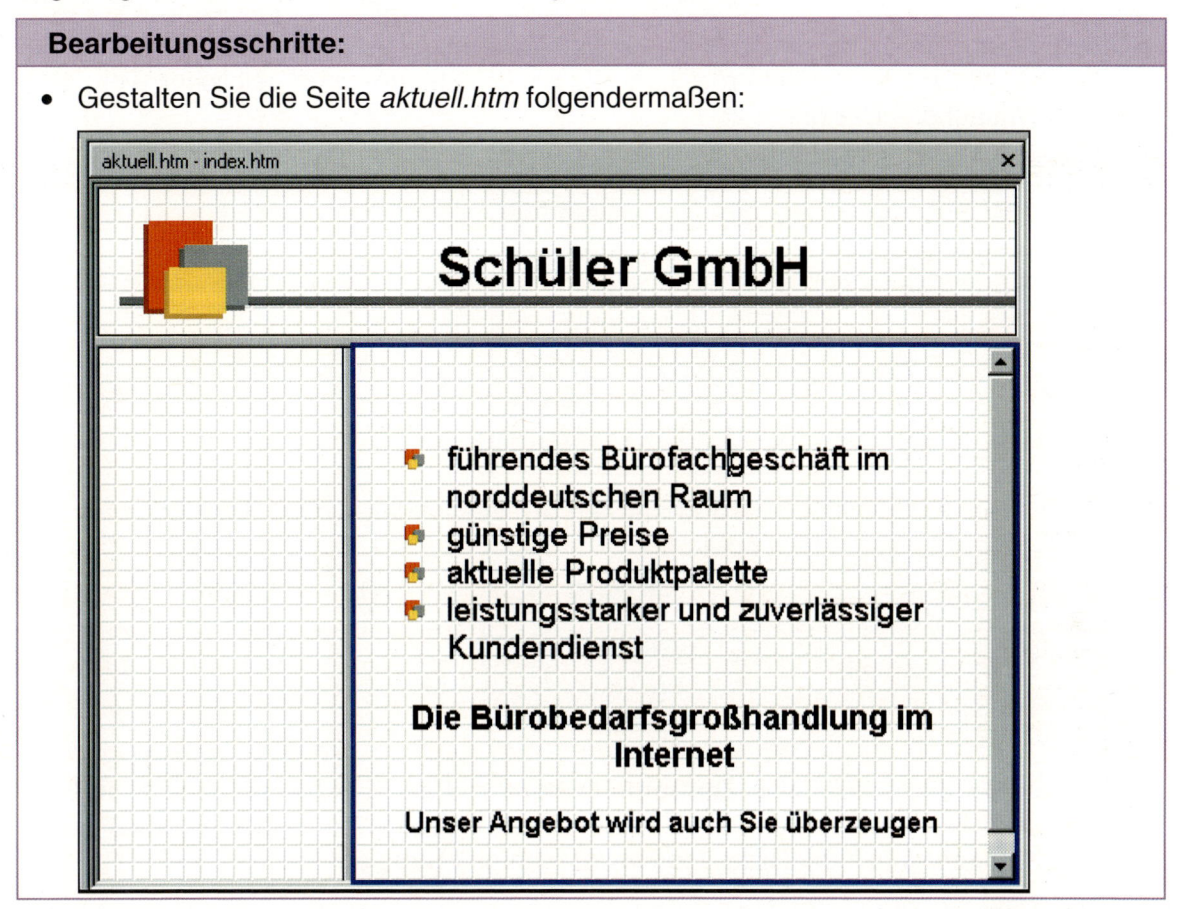

Bearbeitungsschritte:

- Gestalten Sie die Seite *aktuell.htm* folgendermaßen:

    Schüler GmbH

    - führendes Bürofachgeschäft im norddeutschen Raum
    - günstige Preise
    - aktuelle Produktpalette
    - leistungsstarker und zuverlässiger Kundendienst

    Die Bürobedarfsgroßhandlung im Internet

    Unser Angebot wird auch Sie überzeugen

Einfügen der Hoverschaltflächen

Die Steuerung des ersten Webs mit Frameseiten erfolgt über *Hoverschaltflächen*. Die Verwendung von *Hyperlinks* wäre genauso gut möglich. Die Vorgehensweise bei beiden Verfahren ist nahezu identisch.

Von der einzelnen *Hoverschaltfläche* im linken Bildschirmbereich soll jeweils eine Seite aufgerufen werden, die dann im rechten Bildschirmbereich dargestellt werden soll.

Bearbeitungsschritte:

- Rufen Sie die Seite *index.htm* auf.

- Entfernen Sie das Wort *Menue* auf der Seite *menue.htm*. Dabei muss weiterhin die Frameseite *index.htm* aufgerufen sein.

- Stellen Sie den Cursor, falls notwendig, in den Bereich der Seite *menue.htm*.

- Wählen Sie den Menüpunkt **Einfügen/Komponente/Hoverschaltfläche**.

    Alternative: Schaltfläche **Komponente einfügen** / **Hoverschaltfläche...**

- Da die Seite *produkte.htm* weitere Unterseiten enthält, muss diese Seite besonders bearbeitet werden. Dies erfolgt später. Fügen Sie daher zunächst die Seite *agb.htm* ein.

Bearbeitungsschritte (Fortsetzung):

- Drücken Sie zweimal die Taste [**Return**], um oben in der Seite *menue.htm* Platz zu schaffen.

- Bestimmen Sie die folgenden Hoverschaltflächeneigenschaften. Wählen Sie z. B. als Schaltflächenfarbe einen rötlichen und als Effektfarbe einen gelblichen Ton, abgestimmt auf das Design.

- Klicken Sie die Schaltfläche **Durchsuchen** an. Bestimmen Sie die Seite *agb.htm*.

- Klicken Sie die Schaltfläche **Zielframe ändern** an. Klicken Sie danach im Bereich **Aktuelle Frameseite** das rechte Frame an, sodass es dunkel unterlegt wird. Damit wird der Inhalt der Seite *agb.htm* im rechten Frame angezeigt.

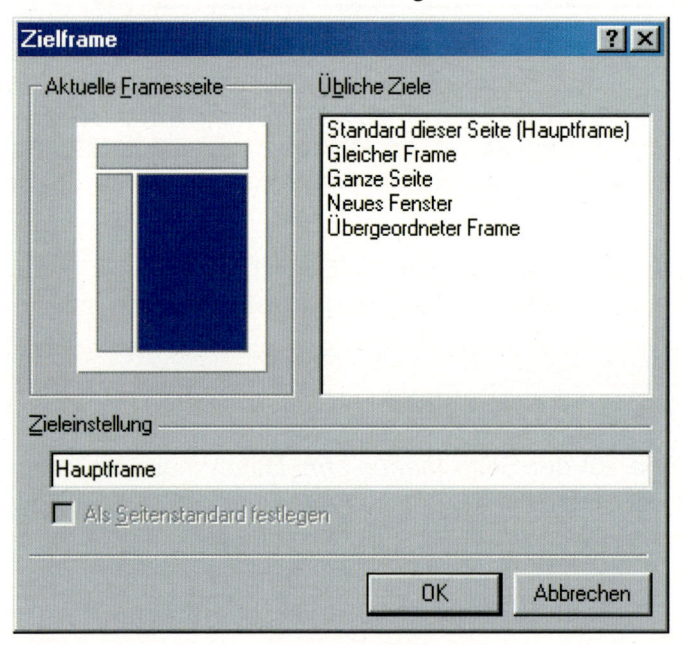

- Klicken Sie in den Fenstern **Zielframe** und **Hoverschaltflächeneigenschaften** jeweils die Schaltfläche **OK** an.

- Fügen Sie analog dazu die **Hoverschaltflächen** *Kontakte* und *Anfahrt* ein und verlinken Sie die Schaltflächen entsprechend.

Steuerung des Webs mit Hoverschaltflächen 47

Bearbeitungsschritte (Fortsetzung):

- Probieren Sie die Seiten im Internet-Browser aus.

- Über die Hoverschaltfläche *Produkte* muss nun die Möglichkeit geschaffen werden, in ein Untermenü mit den Schaltflächen *Computer*, *Drucker*, *Schreibtische*, *Büroschränke* und *Scanner* zu verlinken. Dazu muss zunächst eine neue Frameseite eingebaut werden.

- Wählen Sie den Menüpunkt **Datei/Neu/Seite**. Fügen Sie eine Frameseite mit *Banner und Inhaltsverzeichnis* ein.

- Fügen Sie in den oberen Bereich über die Schaltfläche **Startseite festlegen** die Seite *banner.htm* ein.

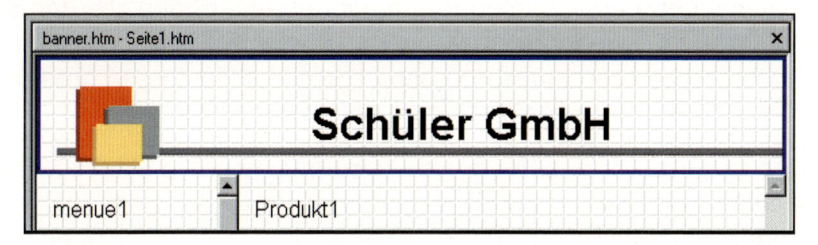

- Nennen Sie den linken Bereich *Menue1* und den rechten Bereich *Produkt1*. Speichern Sie die Seiten und die Frameseite ab. Nennen Sie die Frameseite *produkt.htm*.

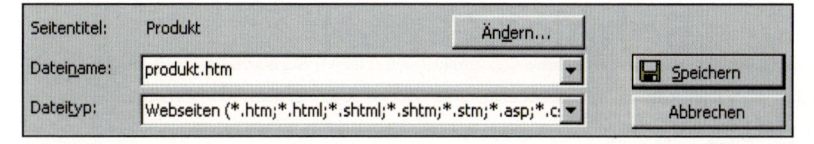

- Rufen Sie die Seite *index.htm* auf. Fügen Sie im linken Bereich die Hoverschaltfläche *Produkte* über die bereits vorhandenen Hoverschaltflächen ein.

Bearbeitungsschritte (Fortsetzung):

- Wählen Sie nach Anklicken der Schaltfläche **Durchsuchen** die Datei *produkt.htm* aus. Klicken Sie in nächsten Fenster die Schaltfläche **Zielframe ändern** an. Im Fenster **Zielframe** wählen Sie als Ziel **Ganze Seite**.

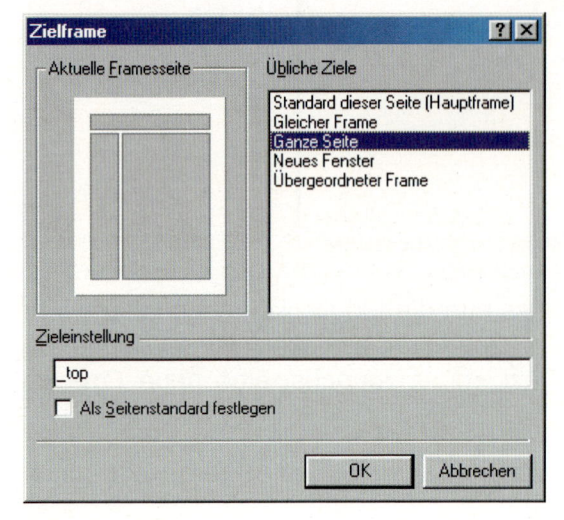

- Klicken Sie danach in den einzelnen Fenstern jeweils die Schaltfläche **OK** an.

- Wählen Sie die Seite *produkt.htm* in der Ordnerliste aus. Geben Sie zunächst im rechten Bereich die nachstehend angezeigten Informationen ein. Fügen Sie danach die folgenden Schaltflächen ein, wobei von den ersten fünf jeweils auf die rechte Seite des Bildschirms verlinkt werden muss und die letzte Schaltfläche auf die **Ganze Seite** (siehe auf dieser Seite oben) der Seite *index.htm* verlinkt wird.

- Probieren Sie das Web im Browser aus. Normalerweise müssten alle Verlinkungen dazu führen, dass entweder eine Information im rechten Bereich der Seite zur Verfügung gestellt wird oder ein Verlinkung auf die Frameseiten *index.htm* oder *produkt.htm* vorgenommen wird.

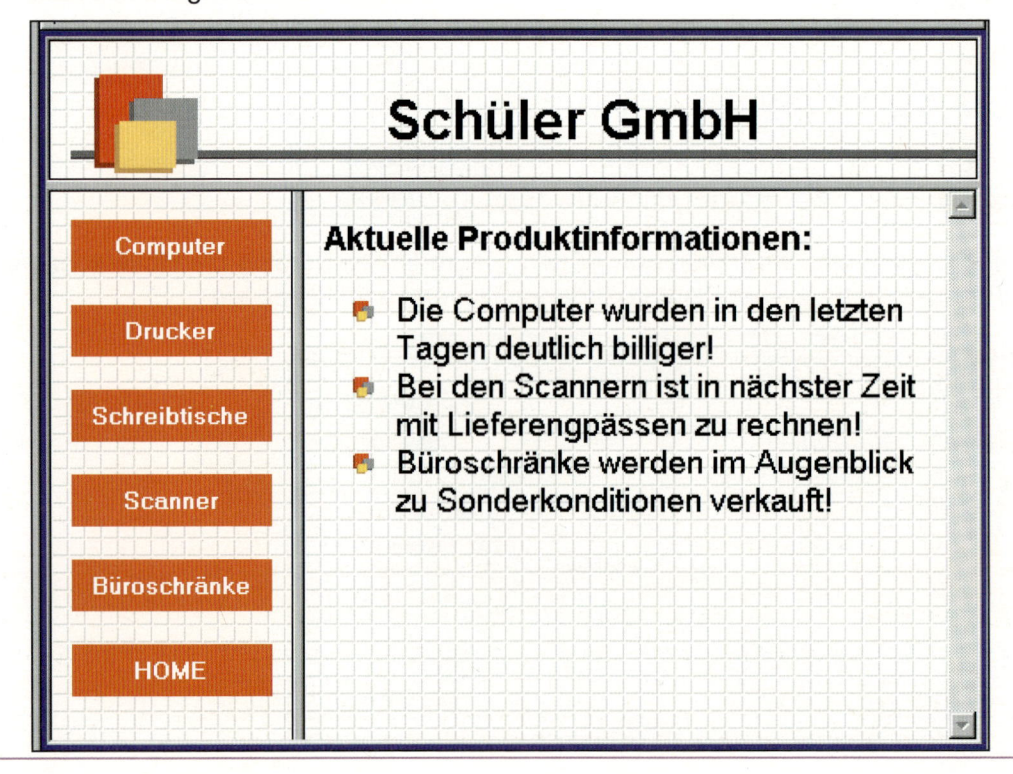

Gestaltung der Frameseiten

Nachdem das Web mit Frameseiten aufgebaut wurde, sollen nun verschiedene Gestaltungsmöglichkeiten angesprochen werden. Für die Betrachter des Webs ist es damit oftmals nicht mehr möglich, festzustellen, dass es sich um ein Web mit Frameseiten handelt.

Ränder um Frameseiten

Je nach Design stören unter Umständen Ränder, die die einzelnen Frames umschließen. Sie können bei Bedarf ausgeblendet werden oder beispielsweise deutlich verbreitert werden.

Bearbeitungsschritte (Fortsetzung):

- Wählen Sie in der Ordnerliste die Seite *index.htm*. Klicken Sie mit der Maus in das rechte Frame.

- Wählen Sie über die rechte Maustaste den Menüpunkt **Frameeigenschaften**. Sie können nun einzelne Einstellungen vornehmen. Probieren Sie einige Einstellungen aus. Kehren Sie jedoch dann zu den ursprünglichen Einstellungen zurück.

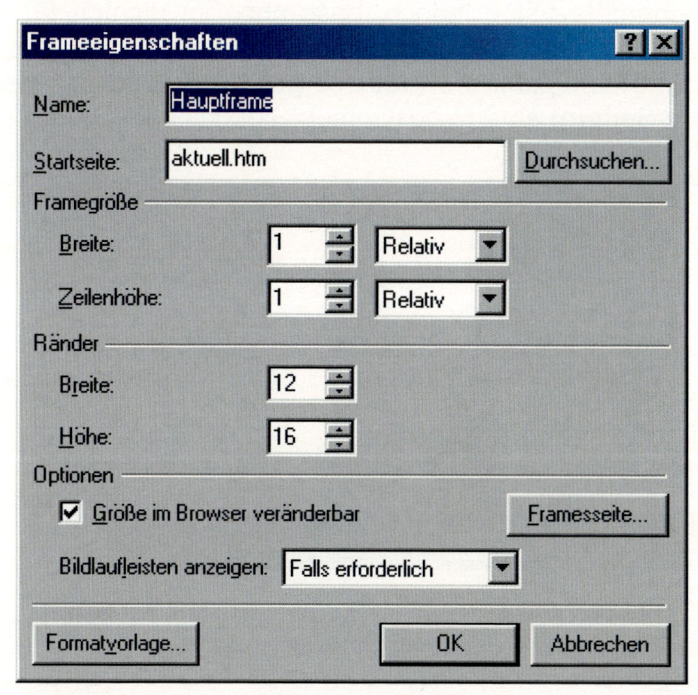

- Klicken Sie die Schaltfläche **Frameseite** an. Wählen Sie die Registerkarte **Frames**. Deaktivieren Sie das Kontrollkästchen **Rahmen anzeigen.**

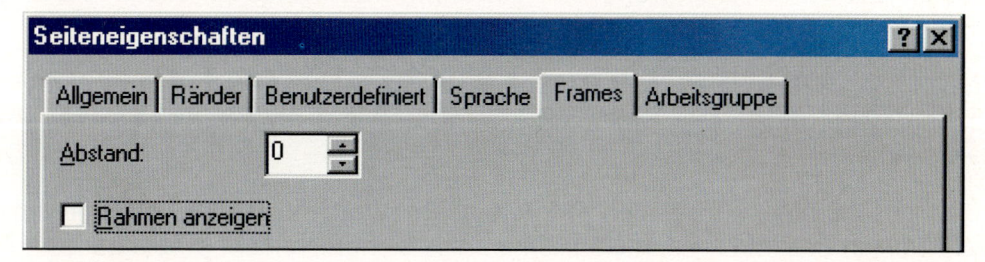

- Während bisher zwischen den einzelnen Frames ein Rahmen angezeigt wurde, ist nun nicht mehr zu erkennen, dass der Bildschirm aus einzelnen Bereichen besteht.

- Nehmen Sie die gleichen Einstellungen auf der Seite *Produkt.htm* vor.

Anpassung einzelner Designs an die Bedürfnisse von Frameseiten

Verschiedene Designs eignen sich für die Nutzung in Frameseiten nicht, es sei denn, sie werden den Bedürfnissen angepasst.

Bearbeitungsschritte:

- Erstellen Sie ein neues Web unter dem Namen *SchülerFr2* und importieren Sie alle Dateien aus dem Web *SchülerFr1*.

- Wählen Sie das Design *Übergänge* für alle Seiten.

- Das Design ist sehr ansprechend, es stört jedoch, dass auch im rechten Frame nochmals der blaue Streifen angezeigt wird. Stellen Sie daher den Cursor in das rechte Frame. Wählen Sie den Menüpunkt **Format/Design**. Klicken Sie die Optionsschaltfläche **Ausgewählte Seite(n)** an und bestimmen Sie, dass die Seite ohne Design dargestellt wird.

- Die Seite sieht nun folgendermaßen aus:

- Über den Menüpunkt **Format/Hintergrund** kann je nach Bedarf und Design für einzelne Seiten auch eine Hintergrundfarbe gewählt werden. Dies ist jedoch in diesem Fall nicht notwendig, da der Hintergrund nicht farbig gestaltet ist.

- Bestimmen Sie als nächstes, dass alle Seiten, die im rechten Frame angezeigt werden, ohne Design dargestellt werden. Dies müssen Sie jeweils einzeln bei jeder Seite vornehmen.

- Die Aufzählungszeichen im rechten Frame sind jetzt natürlich nicht mehr durch das gewählte Design bestimmt. Grundsätzlich ist dies sicherlich nicht problematisch. Es ist jedoch möglich, die Aufzählungszeichen des gewählten Designs zu verwenden, obwohl auf einer Seite kein Design gewählt wurde.

- Wählen Sie den Menüpunkt **Format/Design**. Bestimmen Sie das Design. Klicken Sie danach die Schaltfläche **Ändern** und dann die Schaltfläche **Grafiken** an.

Steuerung des Webs mit Hoverschaltflächen 51

Bearbeitungsschritte (Fortsetzung):

- Wählen Sie als Element **Aufzählung** aus.

- Es wird angegeben, welche Grafik als Aufzählungszeichen benutzt wird. Diese Grafik sollte nun über das Betriebssystem in den Ordner *SchülerFr2* kopiert werden. Klicken Sie dazu die Schaltfläche Start an. Wählen Sie den Menüpunkt **Suchen/Dateien/Ordner**.

- Kopieren Sie dann die gefundene Datei in den Ordner *SchülerFr2*.

- Markieren Sie im rechten Frame die Aufzählungen. Wählen Sie den Menüpunkt **Format/Nummerierungen und Aufzählungen**.

- Klicken Sie die Registerkarte **Grafische Aufzählungszeichen** an. Nach Anklicken der Schaltfläche **Durchsuchen** können Sie die Datei auswählen.

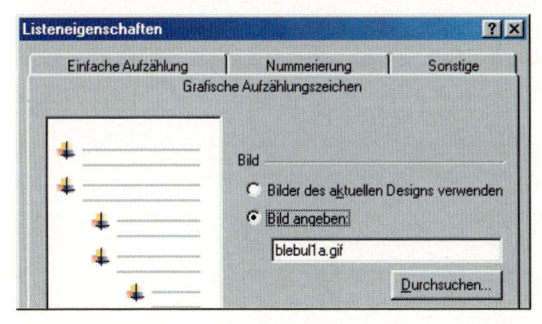

- Die Seite wird nun mit dem gewünschten Aufzählungszeichen angezeigt:

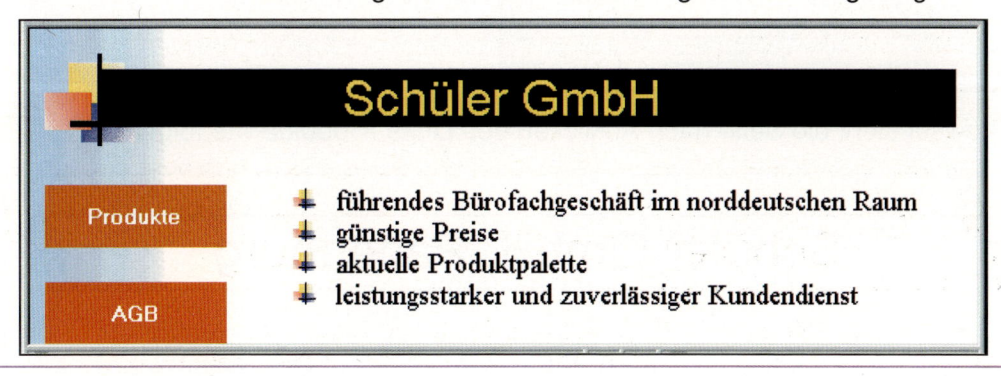

12.4 Steuerung des Webs über Hyperlinks mit Untermenüpunkten

Im vorherigen Beispiel wurde gezeigt, dass über die linke Bildschirmseite eine Steuerung eines Webs möglich ist. Allerdings muss eine vollständige Seite mit 3 Frames aufgerufen werden, wenn z. B. Untermenüpunkte (*Computer*, *Drucker* usw.) von einem Menüpunkt (*Produkte*) angesprungen werden sollen.

Eine Steuerung ist jedoch auch über Hyperlinks möglich, die je nach Bedarf ein- oder ausgeblendet werden können. Klickt man beispielsweise das Wort *Produkte* an, werden die einzelnen Produkte angezeigt und können über einen *Hyperlink* aufgerufen werden (siehe Abbildung Seite 6).

Bearbeitungsschritte:

- Erstellen Sie ein neues Web unter dem Namen *SchülerFr3* und importieren Sie alle Dateien aus dem Web *SchülerFr1*.

- Erstellen Sie, falls sie nicht vorhanden ist, die Navigation wie im Web *SchülerFr1*. Fügen Sie u. U. in der Seite *banner.htm* einen Seitenbanner ein.

- Wählen Sie das Design *Modular* für alle Seiten. Rufen Sie die Seite *index.htm* auf.

- Löschen Sie die Hoverschaltflächen auf der Seite *menue.htm*.

- Fügen Sie einen Hyperlink mit dem Namen Produkte in die Seite *menue.htm* ein. Die Verlinkung soll auf die Seite *produkt1.htm* im rechten Frame erfolgen.

- Wählen Sie den Menüpunkt **Format/Nummerierung und Aufzählungen**. Nehmen Sie die nachfolgenden Einstellungen vor. Wichtig ist, dass Sie die ausblendbare Gliederung aktivieren, die anfangs ausgeblendet werden soll. Damit sind Untermenüpunkte zunächst nicht sichtbar, sie werden erst angezeigt, wenn der Obermenüpunkt (in diesem Fall *Produkte*) angeklickt wird.

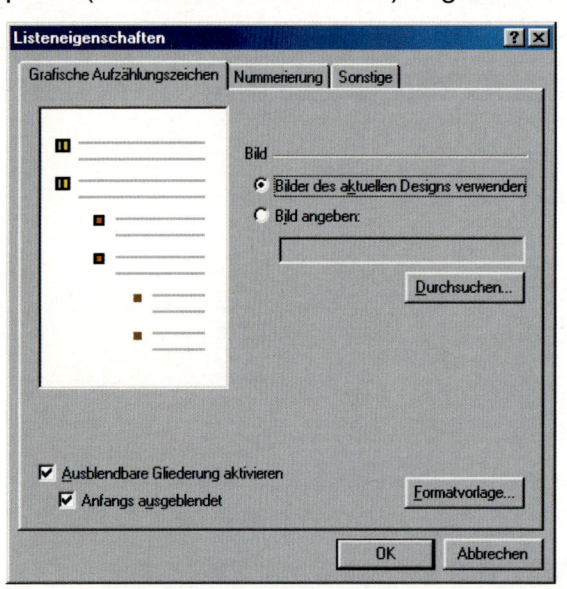

- Im Browser sieht die Seite nach Anklicken des Links *Produkte* wie folgt aus:

Bearbeitungsschritte (Fortsetzung):

- Fügen Sie einen Hyperlink mit dem Namen Computer in die Seite *menue.htm* ein. Die Verlinkung soll auf die Seite *Computer.htm* im rechten Frame erfolgen. Wählen Sie danach den Menüpunkt **Format/Nummerierung und Aufzählungen** und fügen Sie das Aufzählungszeichen ein.

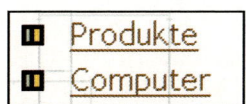

- Der Menüpunkt *Computer* soll jedoch nicht als Obermenüpunkt dienen. Er soll nach Anklicken des Menüpunkts *Produkte* eingeblendet werden.

- Stellen Sie den Cursor in das Wort *Computer*. Klicken Sie die Schaltfläche **Einzug vergrößern** in der Symbolleiste **Format** zweimal an. Das Ergebnis sieht folgendermaßen aus:

- Überprüfen Sie über den Menüpunkt **Format/Nummerierung und Aufzählungen**, ob die Option **Ausblendbare Gliederung** aktiviert ist.

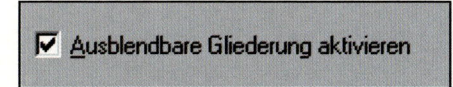

- Das Ergebnis sieht im Browser nach Anklicken der Hyperlinks *Produkte* und *Computer* folgendermaßen aus:

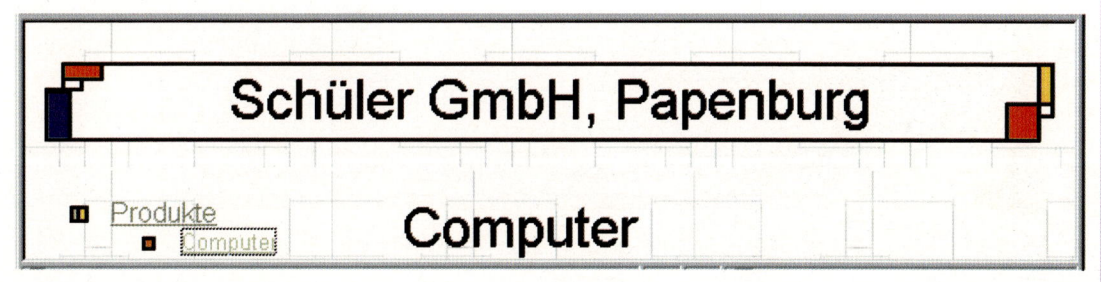

- Wenn Sie danach den Hyperlink *Produkte* wieder anklicken, wird der Untermenüpunkt *Computer* wieder ausgeblendet und im rechten Frame die Seite *produkt1.htm* angezeigt.

- Es bietet sich an, über den Menüpunkt **Format/Zeichen** oder die Symbolleiste **Format** die Schriftgröße der Untermenüpunkte etwas kleiner zu wählen.

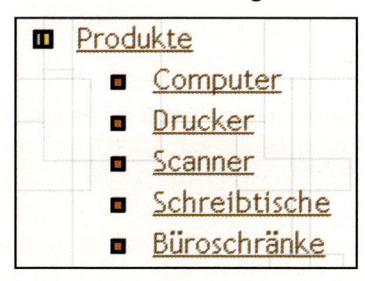

- Fügen Sie danach den Menüpunkt *AGB* ein. Verlinken Sie auf die Seite *AGB.htm* im rechten Frame. Denken Sie daran, über den Menüpunkt **Format/Nummerierung und Aufzählungen** die ausblendbare Gliederung, die anfangs ausgeblendet sein soll, zu aktivieren.

Bearbeitungsschritte (Fortsetzung):

- Auf der Seite *agb.htm* sind Textmarken gesetzt, die angesprungen werden können. Entfernen Sie zunächst auf der Seite die Tabelle mit den *Hyperlinks* zum Anspringen der einzelnen Textmarken.

- Fügen Sie den folgenden Unterpunkt unter dem Hauptmenüpunkt *AGB* ein:

  ```
  ▫ AGB
      ▪ Umfang der
        Lieferung
  ```

- Verlinken Sie den Menüpunkt zur Textmarke *Umfang der Lieferung* auf der Seite *agb.htm*. Als Zielframe wird wiederum der rechte Bereich des Bildschirms gewählt.

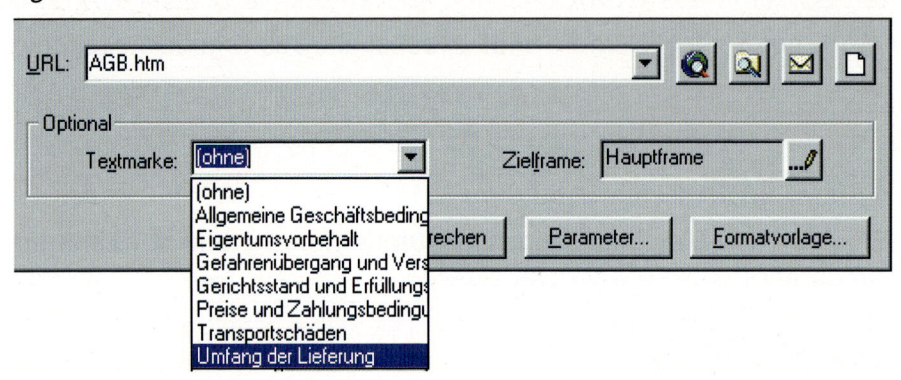

- Es wird angezeigt, dass auf eine Textmarke auf der Seite *AGB.htm* verlinkt wird.

- Fügen Sie die folgenden Untermenüpunkte ebenfalls ein:

  ```
  ▫ AGB
      ▪ Umfang der Lieferung
      ▪ Preise und Zahlungsbedingungen
      ▪ Eigentumsvorbehalt
      ▪ Gefahrenübergang und Versand
      ▪ Transportschäden
      ▪ Erfüllungsort und Gerichtsstand
  ```

- Probieren Sie die *Links* im Browser aus. Es werden die jeweils gewünschten Texte angezeigt. Fügen Sie danach die beiden letzten Menüpunkte ohne Untermenüpunkte ein und probieren Sie das Web aus.

  ```
  ▫ Produkte
  ▫ AGB
  ▫ Kontakte
  ▫ Anfahrt
  ```

- Das gesamte Web sieht nun wie auf der Seite 6 dargestellt aus.

Steuerung des Webs über Hyperlinks auf Grafiken 55

12.5 Steuerung des Webs über Hyperlinks auf Grafiken

Ein Web mit Frames kann ebenfalls über Grafiken gesteuert werden, auf denen Hyperlinks eingebaut werden. Dies können Grafiken mit einem einfarbigen Hintergrund sein, genauso gut jedoch auch ClipArts usw.

Bearbeitungsschritte:

- Erstellen Sie ein neues Web unter dem Namen *SchülerFr4* und importieren Sie alle Dateien aus dem Web *SchülerFr1*.

- Rufen Sie die Seite *index.htm* auf. Wählen Sie das Design *Blaupause* für alle Seiten.

- Klicken Sie in das obere Frame. Wählen Sie den Menüpunkt **Format/Design** und bestimmen Sie, dass das obere Frame (*banner.htm*) ohne Design dargestellt wird.

- Wählen Sie den Menüpunkt **Format/Hintergrund**. Stellen Sie einen blauen Hintergrund und eine gelbe Textfarbe ein.

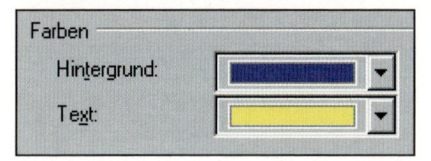

- Geben Sie den folgenden Text im oberen Frame ein. Sollte der Text nicht gelb angezeigt werden, kann dies über den Menüpunkt **Format/Zeichen** geschehen.

- Löschen Sie die Hoverschaltflächen auf der Seite *menue.htm*.

- Laden Sie folgende Grafiken bzw. erstellen Sie diese Grafiken mit einem Grafikprogramm. Speichern Sie die Dateien unter den Namen *links1.gif*, *schalt1.gif* und *schalt2.gif* ab.

- Fügen Sie über den Menüpunkt **Einfügen/Bild/Aus Datei** die erste Grafik in die Seite *menue.htm* ein.

- Wählen Sie den Menüpunkt **Einfügen/Komponente/Hoverschaltfläche**. Bezeichnen Sie den Schaltflächentext und verlinken Sie die Schaltfläche zu der Seite *produkt.htm* im rechten Frame. Stellen Sie die Breite mit 135 und die Höhe mit 60 ein.

Bearbeitungsschritte (Fortsetzung):

- Klicken Sie die Schaltfläche **Benutzerdefiniert** an. Stellen Sie ein, dass benutzerdefinierte Bilder benutzt werden sollen.

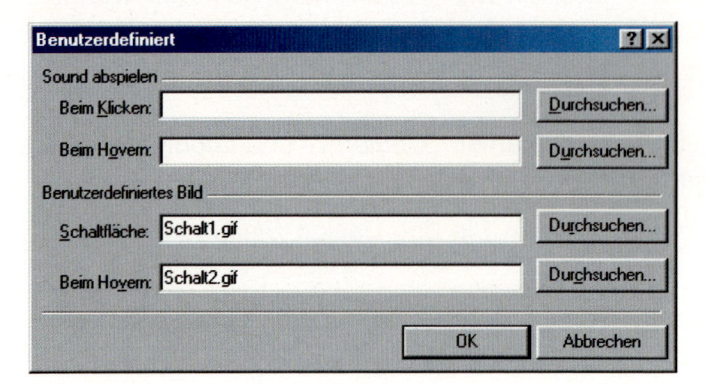

- Klicken Sie in den Fenstern **Benutzerdefiniert** und **Hoverschaltflächeneigenschaften** die Schaltfläche **OK** an.

- Wenn es zwischen der ersten und zweiten Grafik einen Zwischenraum geben sollte, können Sie diesen nach dem Markieren der ersten Schaltfläche über den Menüpunkt **Format/Absatz** ausgleichen.

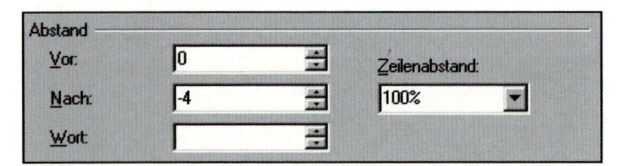

- Fügen Sie die restlichen Schaltflächen und Verlinkungen ein. Das Ergebnis sollte folgendermaßen aussehen:

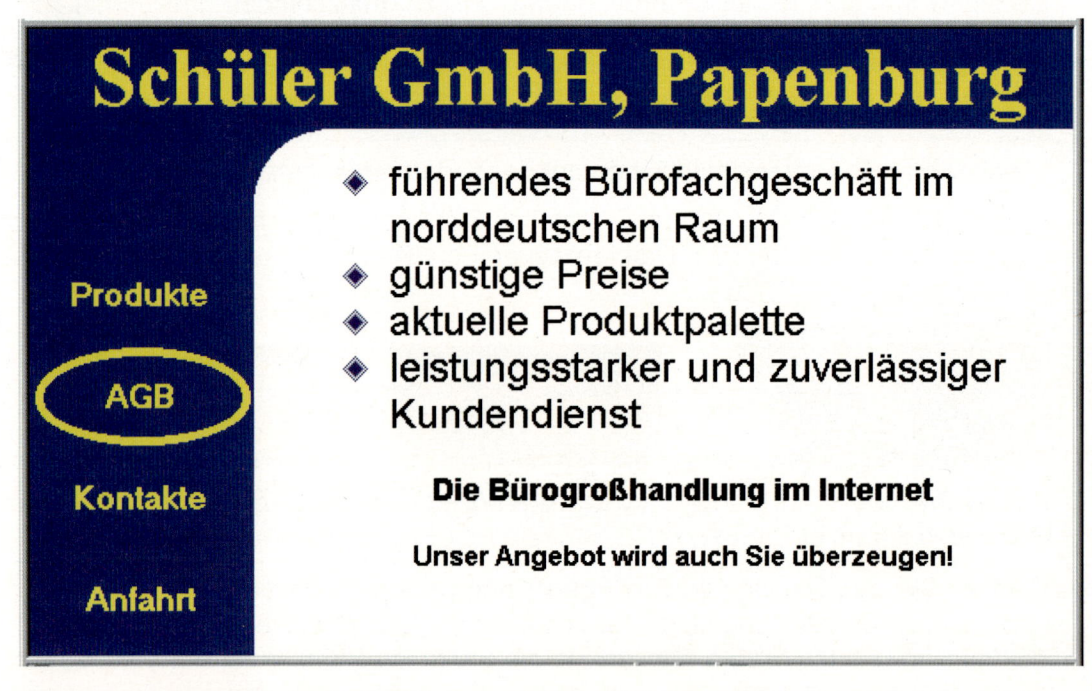

- Durch Austauschen der Schaltfläche *schalt2.gif* können Sie jederzeit einen anderen Effekt erzeugen. Die Darstellung auf Seite 6 unten ist lediglich durch den Austausch einer Schaltfläche erzielt worden.

Übungen 57

Übungen:

1. Gestalten Sie mit Frameseiten die Homepage Ihrer Schule.

   a) Importieren Sie alle Dateien des Webs *Schule* in ein neues Web mit dem Namen *Schule4*. Gestalten Sie das Web folgendermaßen:

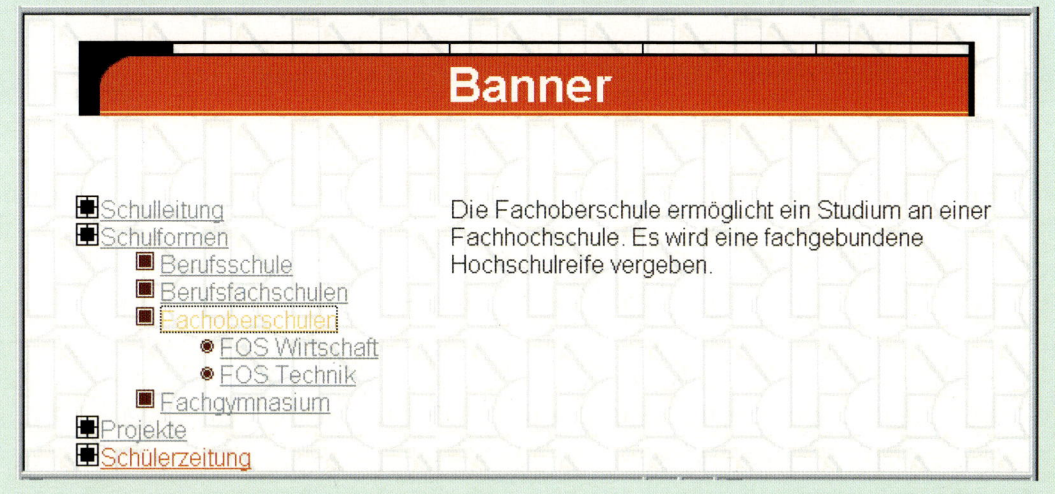

   b) Die Navigation im Web *Schule5* soll über ein Frame am oberen Bereich der Seite erfolgen. Erstellen Sie daher Seiten mit *Top-Down-Hierachie*. Im unteren Frame soll die Eröffnungsseite *aktuell.htm* dargestellt werden.

   Nach Anklicken der Schaltfläche *Schulleitung* soll im unteren Frame die Seite *schulleitung.htm* aufgerufen werden.

   In einer Unterseite zu den Schulformen (*index2.htm*) wird wiederum eine Frameseite mit *Top-Down-Hierachie* aufgerufen. Die Unterseite könnte wie nachfolgend dargestellt aussehen. Von dieser Seite werden dann andere Seiten aufgerufen.

   c) Erstellen Sie das vorherige Web unter Verwendung von Hoverschaltflächen.

2. Arbeiten Sie an Ihrer privaten Homepage weiter. Verwenden Sie Frames, ähnlich wie bei Aufgabe 1.

13 Dynamische HTML-Effekte

13.1 Vorbemerkungen

Bei der Gestaltung von Seiten wurden bisher nur statische Elemente verwandt. Die Seiten werden geladen, danach ohne jede Veränderungsmöglichkeit dargestellt. Dynamische Effekte können Seiten sinnvoll ergänzen, die Aufmerksamkeit der Betrachter und die Werbewirksamkeit von Seiten erhöhen, allerdings können zu viele Effekte auch dazu führen, dass die Benutzer die Seiten unübersichtlich und kompliziert finden.

13.2 Mouseover-Effekte

Geht man mit der Maus auf einen Text und der Text wird dabei farblich und/oder in der Schriftart anders dargestellt, spricht man von einem Mouseover-Effekt. Auch Grafiken können durch diesen Effekt ausgetauscht werden.

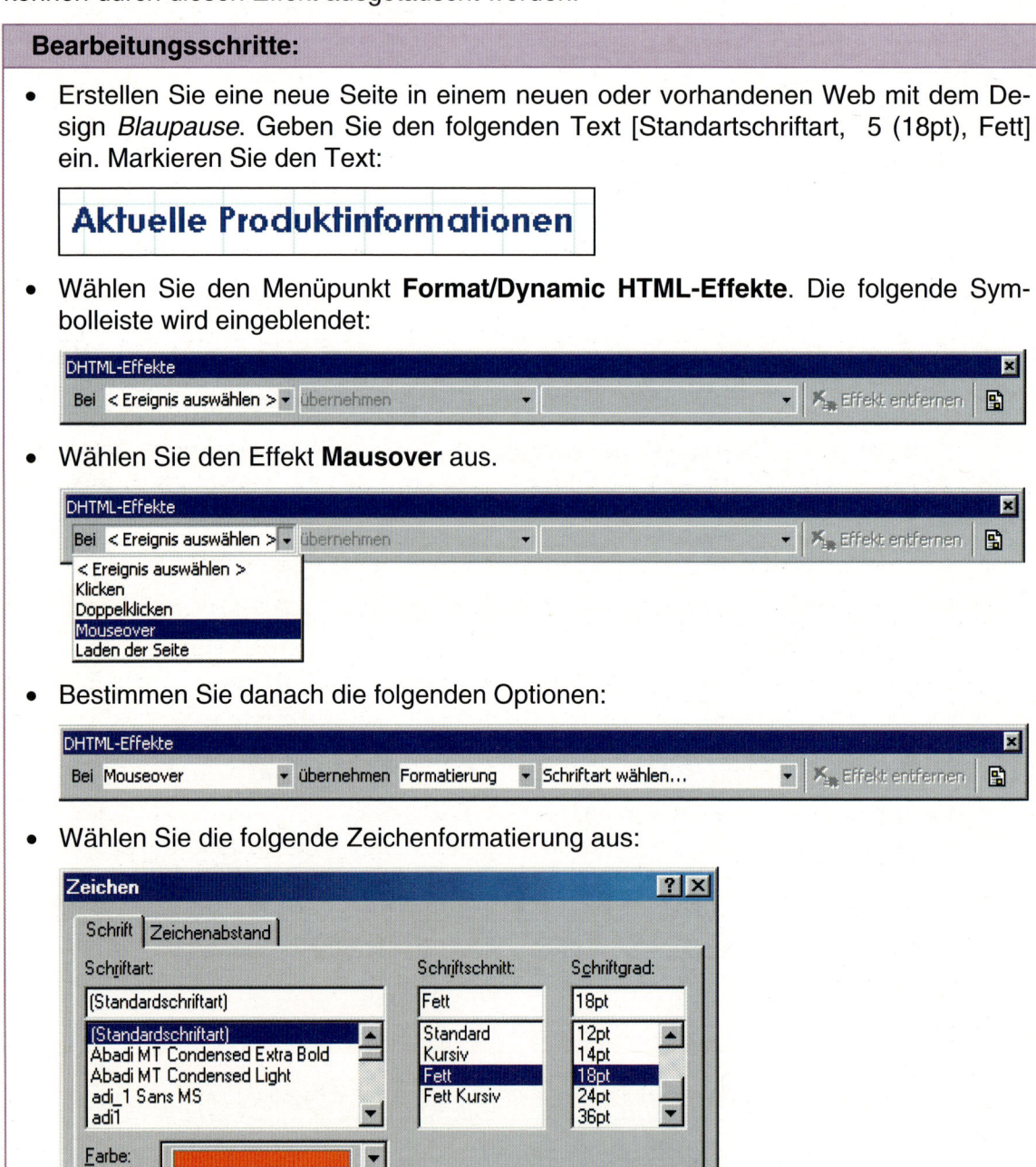

Bearbeitungsschritte:

- Erstellen Sie eine neue Seite in einem neuen oder vorhandenen Web mit dem Design *Blaupause*. Geben Sie den folgenden Text [Standartschriftart, 5 (18pt), Fett] ein. Markieren Sie den Text:

- Wählen Sie den Menüpunkt **Format/Dynamic HTML-Effekte**. Die folgende Symbolleiste wird eingeblendet:

- Wählen Sie den Effekt **Mausover** aus.

- Bestimmen Sie danach die folgenden Optionen:

- Wählen Sie die folgende Zeichenformatierung aus:

Mouseover-Effekte 59

Bearbeitungsschritte (Fortsetzung):

- Es sollte auf jeden Fall derselbe Schriftgrad (18pt) ausgewählt werden. Ansonsten wird die restliche Seite mit jedem Anfahren mit der Maus nach oben oder unten verschoben, was störend wirkt.

- Geht man im Browser mit der Maus auf den Text, wird er auf Grund der Einstellungen folgendermaßen dargestellt:

  AKTUELLE PRODUKTINFORMATIONEN

- Alternativ können Sie als Effekt auch einen Rahmen um einen Text setzen.

- Fügen Sie ein ClipArt bzw. eine Grafik in die Seite ein. Sollten die auf dieser Seite abgebildeten Grafiken nicht vorhanden sein, nehmen Sie einfach andere, die zur Verfügung stehen.

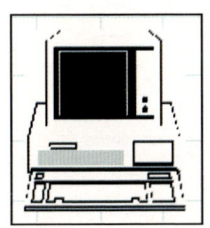

- Markieren Sie die Grafik und wählen Sie die folgenden Effekte aus:

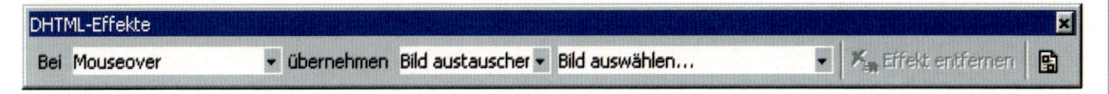

  DHTML-Effekte | Bei Mouseover | übernehmen | Bild austauscher | Bild auswählen... | Effekt entfernen

- Sie können nun im Fenster **Datei wählen** eine Grafik wählen oder nach Anklicken der Schaltfläche **Abbrechen** im Fenster **Datei wählen** im Fenster **Bild** über die Schaltfläche **ClipArt** ein weiteres ClipArt auswählen.

- Im Browser wird die Grafik nach Anfahren mit der Maus ausgetauscht.

- Mit dem Markieren eines Textes oder Bildes und dem anschließenden Anklicken der Schaltfläche **Effekt entfernen** können Sie einen Effekt wieder entfernen.

13.3 Klicken oder Doppelklicken

Durch das Anklicken eines Textes oder einer Grafik lassen sich ebenfalls Effekte realisieren.

Bearbeitungsschritte:

- Erstellen Sie eine neue Seite mit dem Design *Blaupause*. Geben Sie den folgenden Text [Standartschriftart, 5 (18pt), Fett] ein. Markieren Sie den Text:

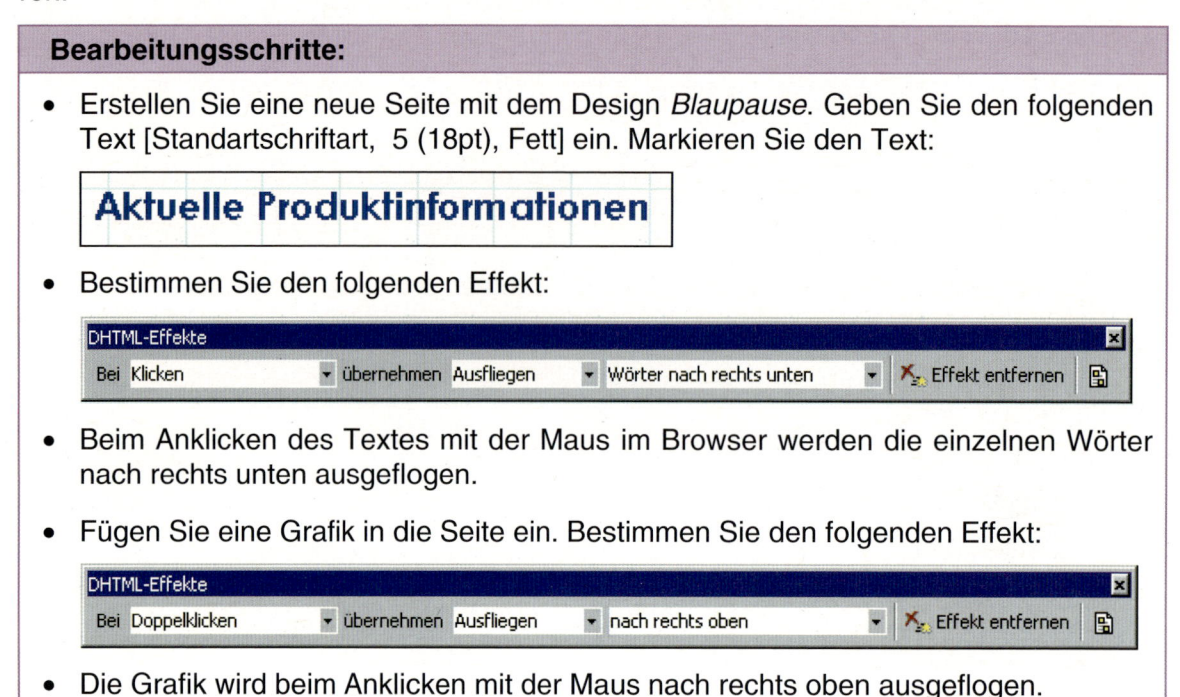

  Aktuelle Produktinformationen

- Bestimmen Sie den folgenden Effekt:

  DHTML-Effekte | Bei Klicken | übernehmen Ausfliegen | Wörter nach rechts unten | Effekt entfernen

- Beim Anklicken des Textes mit der Maus im Browser werden die einzelnen Wörter nach rechts unten ausgeflogen.

- Fügen Sie eine Grafik in die Seite ein. Bestimmen Sie den folgenden Effekt:

  DHTML-Effekte | Bei Doppelklicken | übernehmen Ausfliegen | nach rechts oben | Effekt entfernen

- Die Grafik wird beim Anklicken mit der Maus nach rechts oben ausgeflogen.

13.4 Laden der Seite

Beim Laden einer Seite lassen sich sowohl Text- als auch Grafikeffekte einsetzen. Sie können selbstverständlich in diesem Buch nur angedeutet, jedoch nicht gezeigt werden.

Bearbeitungsschritte:

- Markieren Sie einen Text und stellen Sie den folgenden Effekt ein:

  DHTML-Effekte | Bei Laden der Seite | übernehmen Auftragen | links nach rechts | Effekt entfernen

- Die einzelnen Buchstaben des Textes werden beim Laden der Seite hintereinander eingeblendet.

- Markieren Sie eine Grafik und stellen Sie den folgenden Effekt ein:

  DHTML-Effekte | Bei Laden der Seite | übernehmen Einfliegen | von links unten | Effekt entfernen

- Die Grafik wird nach dem Laden der Seite von unten links eingeflogen.

- Probieren Sie neben den gezeigten Möglichkeiten weitere aus.

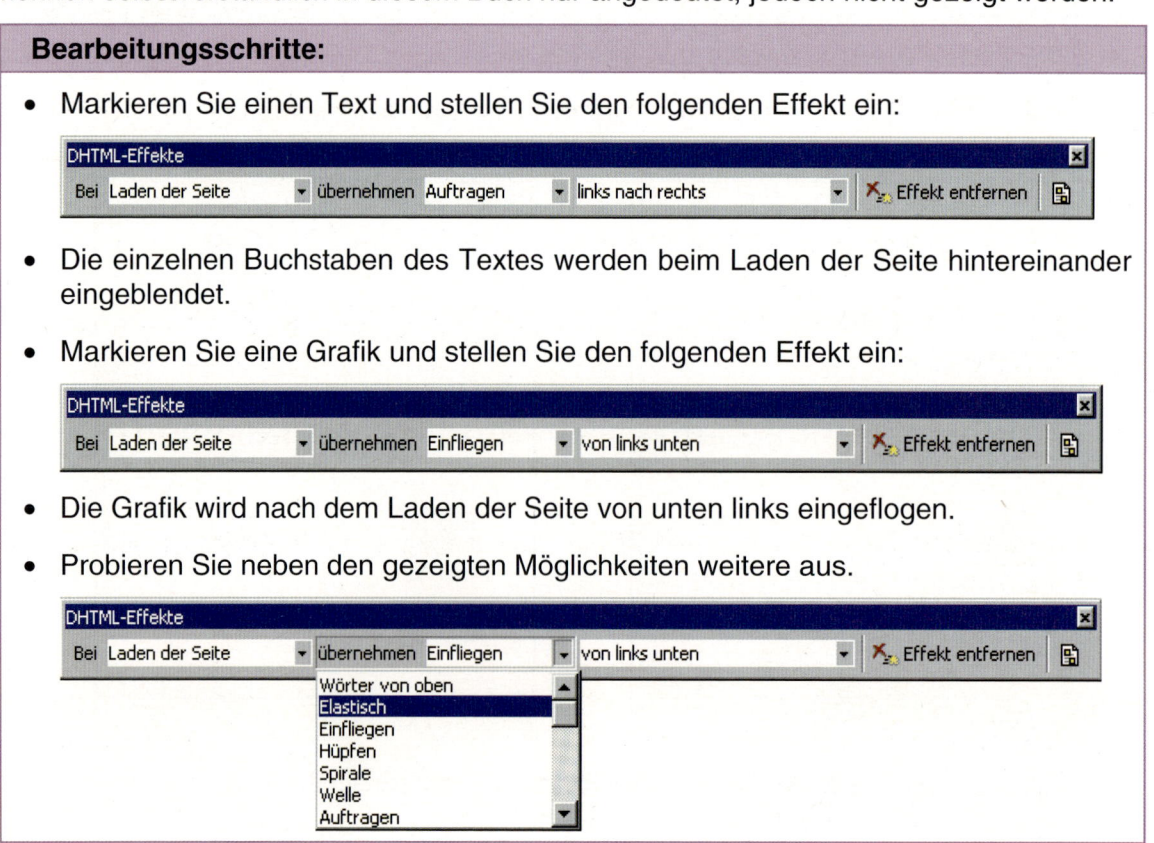

  DHTML-Effekte | Bei Laden der Seite | übernehmen Einfliegen | von links unten | Effekt entfernen

  Wörter von oben
  Elastisch
  Einfliegen
  Hüpfen
  Spirale
  Welle
  Auftragen

Grundlegende Bearbeitungsmöglichkeiten **61**

14 Bearbeitung von Grafiken

14.1 Grundlegende Bearbeitungsmöglichkeiten

Das Programm FrontPage ist sicherlich kein spezielles Grafikprogramm, das alle möglichen Arten der Grafikbearbeitung zulässt. Trotzdem lassen sich einige Möglichkeiten, die man für die Gestaltung von Grafiken benötigt, nutzen.

Die wesentlichen Möglichkeiten werden nachfolgend dargestellt.

Bearbeitungsschritte:

- Fügen Sie das folgende ClipArt oder eine andere Grafik ein:

- Markieren Sie die Grafik durch Anklicken mit der Maus. Normalerweise wird die Symbolleiste **Grafik** eingeblendet. Sollte dies nicht der Fall sein, muss sie über den Menüpunkt **Ansicht/Symbolleisten/Grafik** aufgerufen werden.

- Mit den Schaltflächen **Linksherum rotieren**, **Rechtsherum rotieren**, **Horizontal kippen** und **Vertikal kippen** kann die Grafik gedreht und gekippt werden.

- Der Kontrast und die Helligkeit einer Grafik können über die Schaltflächen **Mehr Kontrast**, **Weniger Kontrast**, **Mehr Helligkeit**, **Weniger Helligkeit** eingestellt werden. Auf diese Weise kann die Grafik so bearbeitet werden, dass sie z. B. als Hintergrundgrafik geeignet ist.

- Über die Schaltfläche **Erneut einlesen** kann die ursprüngliche Grafik wieder eingelesen werden.

- Nach Anklicken der Schaltfläche **Wiederherstellen** wird der ursprüngliche Zustand der Grafik wieder hergestellt.

- Über die Schaltfläche **Schwarzweiß** wird die Farbe aus der Grafik genommen.

Bearbeitungsschritte (Fortsetzung):

- Stellen Sie den ursprünglichen Zustand der Grafik wieder her.

- Soll aus einem Bereich die Farbe genommen und der Bereich transparent dargestellt werden, muss die Schaltfläche **Transparente Farbe festlegen** angeklickt werden. Mit dem dann eingeblendeten Stift muss der Bereich markiert werden, der transparent dargestellt werden soll.

- Stellen Sie den ursprünglichen Zustand der Grafik wieder her.

- Markieren Sie die Grafik und klicken Sie die Schaltfläche **Verwaschen** an.

- Die Grafik wird deutlich kontrastärmer dargestellt und eignet sich eventuell ebenfalls als Hintergrund einer Seite. Unter Umständen können die Originalgrafik und die verwaschene Grafik auch für Schaltflächen genutzt werden.

- Stellen Sie den ursprünglichen Zustand der Grafik wieder her.

- Markieren Sie die Grafik und klicken Sie die Schaltfläche **Abgeschrägter Rand** an.

- Durch mehrmaliges Anklicken der Schaltfläche wird der Rand verstärkt.

Zuschneiden von Grafiken 63

14.2 Zuschneiden von Grafiken

Das Programm FrontPage bietet eine einfache Möglichkeit, einen Bereich aus einer Grafik auszuschneiden. Damit ist die Möglichkeit gegeben, einen benötigten Ausschnitt einer Grafik in einer Seite zu verwenden.

Bearbeitungsschritte:

- Markieren Sie die Grafik und klicken Sie die Schaltfläche **Zuschneiden** an.

- Ein Bereich der Grafik wird durch ein Rechteck mit kleinen Anfassern (kleinen Quadraten) umrandet.

- Klicken Sie mit der Maus noch einmal auf die Grafik. Der Mauszeiger wird durch ein dünnes Kreuz dargestellt.

- Ziehen Sie bei gedrückter linker Maustaste ein Rechteck um den Bereich, der erhalten bleiben soll.

- Klicken Sie nochmals die Schaltfläche **Zuschneiden** an. Die Bereiche um den ausgeschnittenen Bereich sind nicht mehr vorhanden.

14.3 AutoMiniaturansicht

Auf einer Seite werden Grafiken in verkleinerter Form dargestellt. Klickt man sie an, werden sie auf einer anderen Seite in der ursprünglichen Form angezeigt.

Bearbeitungsschritte:

- Markieren Sie die Grafik. Klicken Sie die Schaltfläche **AutoMiniaturansicht** an.

- Die Grafik wird verkleinert. Über die rechte Maustaste können Einstellungen vorgenommen werden.

- Klickt man im Browser die verkleinerte Grafik an, wird sie auf einer neuen Seite in ursprünglicher Größe angezeigt.

14.4 Texteingabe

Eine Grafik muss oder soll unter Umständen durch eine erklärende Texteingabe ergänzt werden. Der Text kann für einen Hyperlink ins Internet, auf eine andere Seite oder auf eine E-Mail-Adresse genutzt werden.

Bearbeitungsschritte:

- Markieren Sie die Grafik und klicken Sie die Schaltfläche **Text** A an.

- Gehen Sie mit der Maus in den umrandeten Textbereich und ziehen Sie mit gedrückter linker Maustaste den Textbereich an die gewünschte Stelle.

- Geben Sie den Text ein:

- Mit der rechten Maustaste können Sie u. a. einen Hyperlink legen oder die Schrift bearbeiten. Die Erstellung eines Links entspricht der normalen Vorgehensweise, wie sie bereits beschrieben wurde.

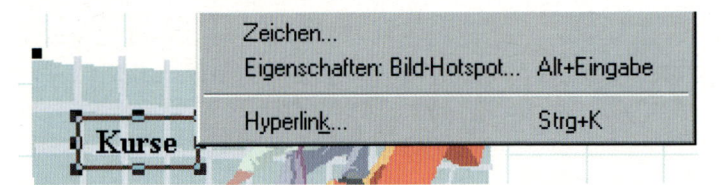

- Wollen Sie den Text bearbeiten, müssen Sie mit der Maus zweimal auf den Textbereich klicken. Danach können Sie ihn wie gewünscht ändern.

- Entfernen Sie den Text, indem Sie den Textbereich markieren und die Taste [**Entf**] drücken.

14.5 Hotspots

Auch mehrere Links können auf eine Grafik gelegt werden. Sollen beispielsweise die einzelnen Mitarbeiter auf einer besonderen Seite vorgestellt werden, so kann ein Gruppenfoto als Grundlage genommen werden.

Bearbeitungsschritte:

- Erstellen Sie u. U. neue Seiten unter den Namen *Kaiser*, *Voelkel*, *Wipke* und *Korte*, damit Sie auf diese Seiten verlinken können.

- Fügen Sie über den Menüpunkt **Einfügen/Bild/ClipArt** ein ClipArt ein. Über den Suchbegriff *Menschen* werden entsprechende ClipArts angezeigt.

- Klicken Sie die Schaltfläche **Runder Hotspot** an.

- Ziehen Sie mit der Maus einen Kreis wie dargestellt.

- Nach dem Loslassen der Maustaste wird das Fenster **Hyperlink erstellen** eingeblendet. Verlinken Sie nun auf die Seite *wipke.htm*.

- Verlinken Sie auf die gleiche Weise auf die anderen neuen Seiten. Dabei sollten Sie z. B. auch die Schaltfläche **Polygonförmiger Hotspot** ausprobieren. Dabei können Sie einen Bereich genauestens markieren. Mit der Maus fahren Sie an die Stelle, wo die Markierung beginnen soll, danach ziehen Sie eine Linie zum nächsten gedachten Punkt, drücken die linke Maustaste, sodass der Punkt ausgewählt wird. Wenn Sie zum Ausgangspunkt zurückkehren, wird das Fenster **Hyperlink erstellen** eingeblendet.

- Über die Schaltfläche **Hotspots markieren** kann man sich die Lage der Hotspots genau anzeigen lassen. Dabei wird die Grafik nicht angezeigt:

15 Einfügen von Komponenten in die Webseiten

15.1 Vorbemerkungen

Das Einfügen von Komponenten in eine Webseite ist bei FrontPage 2000 normalerweise kein Problem, jedoch können eine Reihe von Komponenten im Internet nur dann genutzt werden, wenn der Provider die so genannten FrontPage-Servererweiterungen unterstützt. Dies ist jedoch in der Regel nur bei relativ teuren Tarifen der Fall.

Die folgende Tabelle gibt Aufschluss darüber, welche Komponenten mit oder ohne Servererweiterungen lauffähig sind. Der entsprechende Menüpunkt wird jeweils angegeben. Außerdem wird durch eine kursive Schrift dargestellt, welche Komponenten bisher schon benutzt worden sind.

FrontPage-Komponenten, die ohne Servererweiterungen genutzt werden können	FrontPage-Komponenten, die nur mit Servererweiterungen genutzt werden können
• Einfügen/Komponente/Anzeigenwechsler	• Einfügen/Komponente/Zugriffszähler
• *Einfügen/Komponente/Hoverschaltfläche*	• Einfügen/Komponente/Bestätigungsfeld
• Einfügen/Komponente/Laufschrift	• Einfügen/Komponente/Bestätigungsfeld
• Einfügen/Komponente/Seite einschließen	• Einfügen/Komponente/Bild nach Zeitplan einschließen
• Einfügen/Komponente/Ersetzung	
• Einfügen/Komponente/Inhaltsverzeichnis	• Einfügen/Komponente/Seite nach Zeitplan einschließen
• Einfügen/Datum und Uhrzeit	• Einfügen/Komponente/Suchformular
• Einfügen/Kommentar	• Einfügen/Datenbank
• *Einfügen/Navigationsleiste*	• Datei/Neu/Feedbackformular
• *Einfügen/Seitenbanner*	• Datei/Neu/Gästebuch
	• Datei/Neu/Häufig gestellte Fragen

15.2 Einfügen von Datum und Uhrzeit

Das Einfügen des Datums, z. B. der letzten Bearbeitung der Seite, kann dem Nutzer wertvolle Informationen über die Aktualität der Seite liefern.

Bearbeitungsschritte:

- Erstellen Sie das Web *SchülerKomp1*. Öffnen Sie die Seite *index.htm*.

- Wählen Sie den Menüpunkt **Einfügen/Datum und Uhrzeit**. Bestimmen Sie ein Datumsformat und geben Sie an, was angezeigt werden soll.

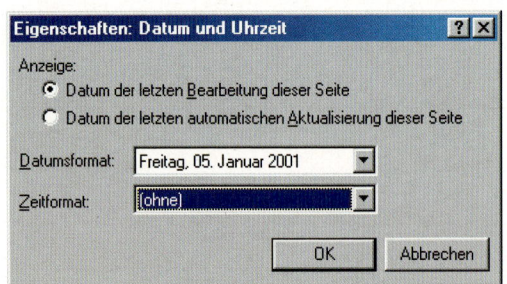

- Das Datum der letzten Bearbeitung wird angezeigt. Es empfiehlt sich, einen erklärenden Text vor dem Datum einzublenden:

  Letzte Bearbeitung: Freitag, 05. Januar 2001

Anzeigenwechsler und animierte Gif´s 67

15.3 Anzeigenwechsler und animierte Gif´s

Durch einen Anzeigenwechsler werden Grafiken nach einer vorgegebenen Zeit ausgetauscht. Daher lassen sich solche Grafiken zu Werbezwecken usw. gut einsetzen. Die Alternative zum Anzeigenwechsler sind so genannte animierte Gif´s. Zwei oder mehrere Grafiken werden, unter Umständen mit Übergangseffekten, gegeneinander ausgetauscht. Die hier benutzten Grafiken können aus dem Internet geladen werden.

Bearbeitungsschritte:

- Erstellen Sie mit einem Grafikprogramm zwei Grafiken (200*80 Pixel) mit den Namen *papenburg.gif* und *schueler.gif* bzw. laden Sie die beiden Grafiken.

- Erstellen Sie in dem Web *SchülerKomp1* eine Seite mit dem Namen *werbung.htm*. Wählen Sie danach den Menüpunkt **Einfügen/Komponente/Anzeigenwechsler**. Laden Sie die beiden Grafiken und wählen Sie einen Übergangseffekt aus.

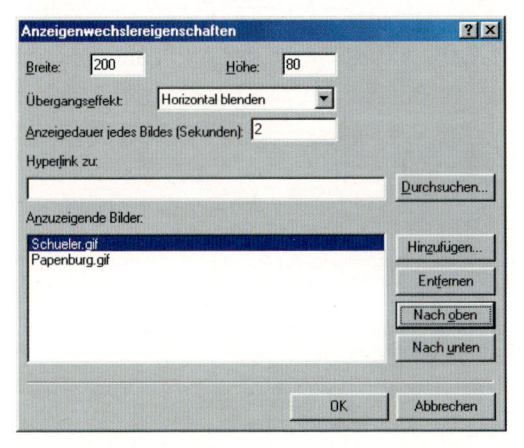

- Schauen Sie sich das Ergebnis im Browser an. Probieren Sie andere Effekte aus. Nach dem Markieren der Grafik können Sie über die rechte Maustaste und den Menüpunkt **Anzeigenwechslereigenschaften** die Effekte wählen.

- Erstellen Sie mit einem Grafikprogramm eine animierte Grafik unter dem Namen *amin1.gif* bzw. laden Sie diese Datei. Fügen Sie diese Grafik über den **Einfügen/Bild/Aus Datei** in die Seite ein.

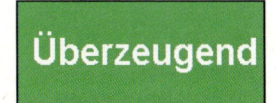

- Als Ergebnis werden die Grafiken im Browser permanent ausgetauscht.

15.4 Laufschrift

Eine Laufschrift kann die Aufmerksamkeit der Besucher auf einen bestimmten Sachverhalt lenken. Über einen Hyperlink kann darüber hinaus eine andere Seite angesprungen werden.

Bearbeitungsschritte:

- Erstellen Sie im Web *SchülerKomp1* eine neue Seite unter dem Namen *anzeige.htm*. Geben Sie allen Seiten nun das Design *Ausweis* oder ein anderes Design, das Ihnen gefällt.

- Fügen Sie über den Menüpunkt **Einfügen/Horizontale Linie** eine Linie ein. Linien sollen die Laufschrift umgeben.

- Wählen Sie den Menüpunkt **Einfügen/Komponente/Laufschrift**.

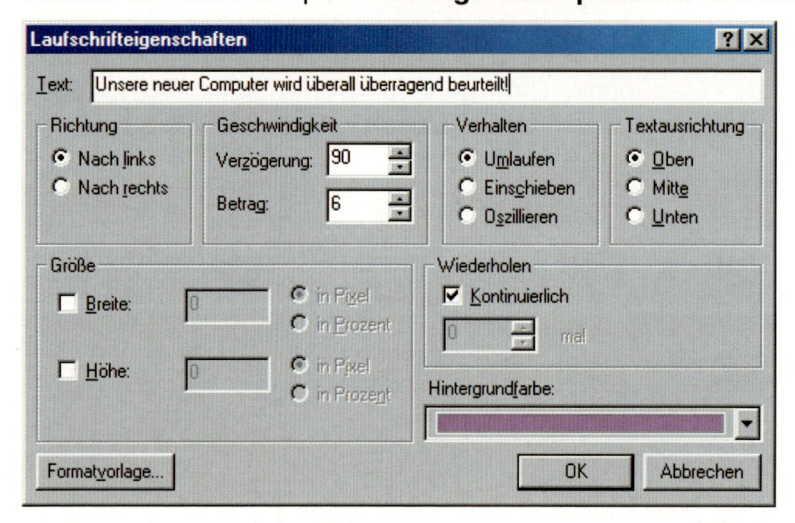

- Über die Schaltfläche **Formatvorlage** können Sie z. B. eine schwarze Schriftfarbe einstellen.

- Das Ergebnis könnte nach dem Einfügen einer zweiten Linie folgendermaßen aussehen:

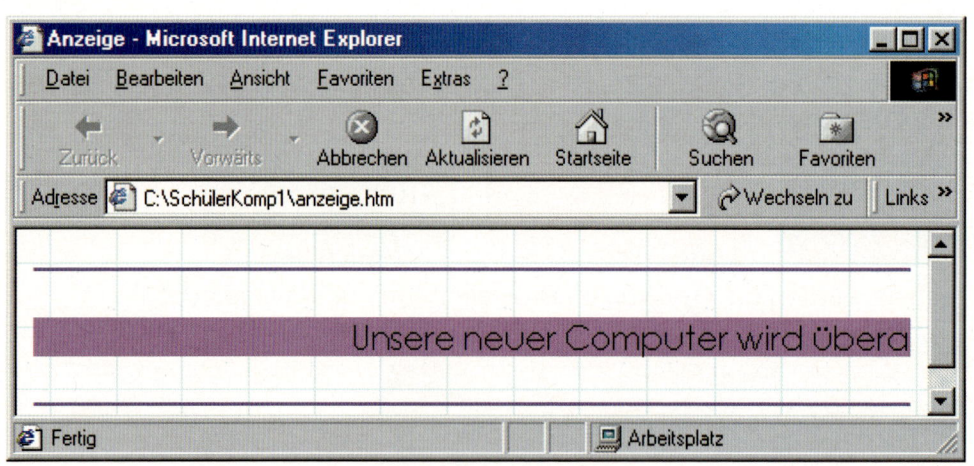

- Klicken Sie mit der rechten Maustaste auf die Laufschrift. Wählen Sie den Menüpunkt **Laufschrifteigenschaften** und ergänzen Sie den Text folgendermaßen: *Bitte klicken Sie hier, um nähere Informationen zu erhalten!*

- Klicken Sie mit der rechten Maustaste nochmals auf die Laufschrift. Über den Menüpunkt **Hyperlink** können Sie einen Hyperlink auf eine Seite legen.

Einfügen weiterer Komponenten 69

15.5 Einfügen weiterer Komponenten

Weitere, immer wieder benötigte Komponenten, wie Sonderzeichen, Kommentare, Inhaltsverzeichnisse usw. können auf den Seiten eingefügt werden.

Bearbeitungsschritte:

- Öffnen Sie die Seite *index.htm* im Web *SchülerKomp1*.
- Wählen Sie den Menüpunkt **Einfügen/Inhaltsverzeichnis**.

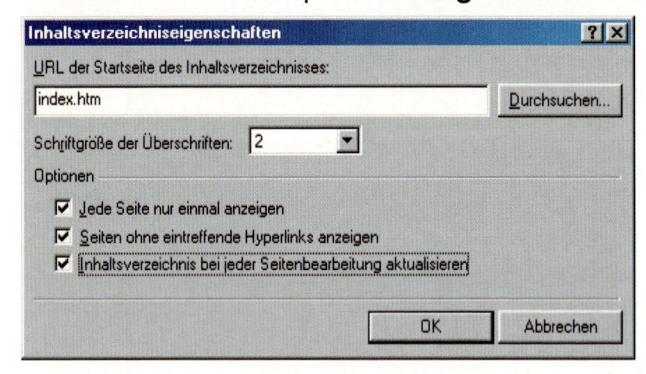

- In der *Normalansicht* wird angezeigt, dass ein Inhaltsverzeichnis angelegt wurde:

- Im Browser wird das Ergebnis korrekt angezeigt (siehe auf der Seite unten).
- Wählen Sie den Menüpunkt **Einfügen/Kommentar**.

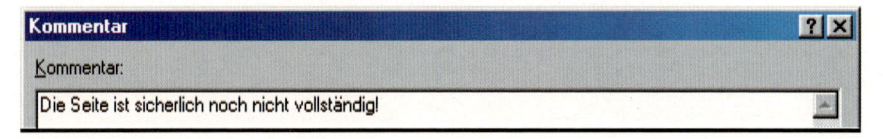

- Der Kommentar wird angezeigt, im Browser später natürlich nicht.

- Wählen Sie über den Menüpunkt **Einfügen/Sonderzeichen** das Zeichen © aus.
- Das Ergebnis aller Komponenten sieht im Browser in etwa so aus:

- Über den Menüpunkt **Einfügen/Komponente/Seite einschließen** können Sie eine Seite, die bereits erstellt wurde, an beliebiger Stelle in eine andere Seite einfügen.

Übungen:

1. Die Seiten der Homepage Ihrer Schule sollen grundlegend überarbeitet werden.

   a) Öffnen Sie das Web *Schule3*. Einzelne Seiten sollen bearbeitet werden, vor allem um Elemente ergänzt werden.

   b) Ergänzen Sie die Homepage um die Seiten *sonstiges.htm*, *kontakte.htm* und *anfahrt.htm*.

   c) Fügen Sie auf der Seite *Kontakte* Kontaktinformationen ein.

   d) Fügen Sie auf der Seite *Anfahrt* eine Karte ein. Ziehen Sie sich diese Karte aus dem Internet z. B. von der Homepage ihrer Stadt oder Gemeinde. Bearbeiten Sie die Grafik wie im Buch beschrieben. Fügen Sie *Hotspots* ein, um auf Seiten zu verlinken. Probieren Sie die Möglichkeit *Autominiaturansicht* aus.

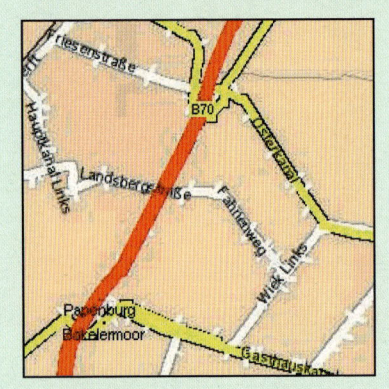

2. Fügen Sie Kontakt- und Anfahrtsinformationen in Ihre private Homepage ein.

Vorbemerkungen 71

16 Formatvorlagen (Cascading Stylesheets)

16.1 Vorbemerkungen

Die einzelnen Textelemente in Webseiten können über die Menüpunkte Format/Zeichen, Format/Absatz, Format/Rahmen, Format/Nummerierung und Format/Position formatiert werden. Dies bedeutet jedoch, dass die einzelnen Formatierungen jeweils mit einem gewissen Zeitaufwand verbunden sind. Außerdem kann es schnell vorkommen, dass Bereiche, die normalerweise identisch formatiert werden sollen, auf Grund der vielen einzelnen Arbeitsschritte unterschiedliche Eigenschaften zugewiesen bekommen.

Durch die Festlegung von Formatvorlagen, so genannten Cascading Stylesheets, wird das Problem gelöst. Einmal definierte Vorlagen werden eingesetzt, um den Text oder um Textteile nach bestimmten Vorstellungen zu gestalten.

16.2 Formatierung mit den vorhandenen Formatvorlagen

Das Programm stellt, auch im Zusammenhang mit den Designs, bestimmte Formatvorlagen zur Verfügung. So können beispielsweise Überschriften, Nummerierungen und Aufzählungen relativ einfach nach den Vorgaben eines Designs ausgewählt werden.

Bearbeitungsschritte:

- Erstellen Sie ein neues Web unter dem Namen *SchülerFormat*. Wählen Sie das Design *Blaupause*.

- Aktivieren Sie das Kontrollkästchen **CSS verwenden**.

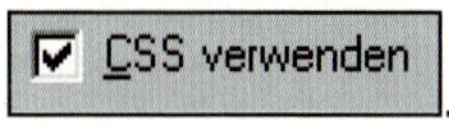

- Erstellen Sie im Web die folgende Seite ohne jede Formatierung. Speichern Sie die Seite unter dem Namen *aktuell1.htm*.

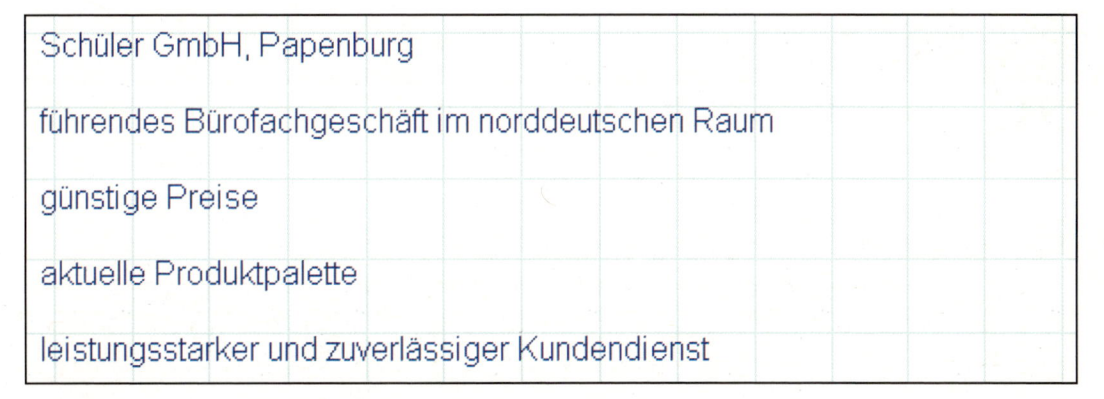

> Schüler GmbH, Papenburg
>
> führendes Bürofachgeschäft im norddeutschen Raum
>
> günstige Preise
>
> aktuelle Produktpalette
>
> leistungsstarker und zuverlässiger Kundendienst

- Markieren Sie die erste Zeile. In der Symbolleiste **Format** wird folgendes angezeigt:

  (ohne) (Standardschriftart) Standard

- Klicken Sie neben der Bezeichnung *(ohne)* auf den Pfeil nach unten. Verschiedene Formate werden angezeigt:

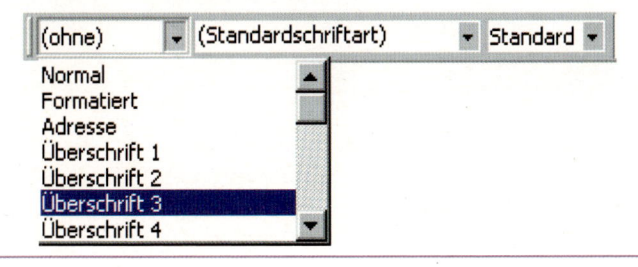

  (ohne) (Standardschriftart) Standard
  Normal
  Formatiert
  Adresse
  Überschrift 1
  Überschrift 2
  Überschrift 3
  Überschrift 4

Bearbeitungsschritte (Fortsetzung):

- Die Darstellung der ersten Zeile ändert sich.

- Markieren Sie die nächsten vier Zeilen und wählen Sie die Formatierung **Aufzählung**. Alternativ können Sie in diesem Fall auch die Schaltfläche **Aufzählungszeichen** anklicken.

- Das Ergebnis sieht in etwa folgendermaßen aus:

  Schüler GmbH, Papenburg

  ◆ führendes Bürofachgeschäft im norddeutschen Raum
  ◆ günstige Preise
  ◆ aktuelle Produktpalette
  ◆ leistungsstarker und zuverlässiger Kundendienst

16.3 Erstellen eigener Formatvorlagen

16.3.1 Erstellen einer neuen Formatvorlage

Eine Formatvorlage, die selbstdefinierte Formate enthält, soll erstellt werden. Zunächst wird lediglich eine neue Zeichendarstellung definiert und die neue Formatvorlage abgespeichert.

Danach sollen weitere Änderungen, z. B. Schattierungen und Absatzeinstellungen, vorgenommen werden. Dadurch wird auch das Ändern einer bestehenden Formatvorlage erklärt.

Bearbeitungsschritte:

- Wählen Sie den Menüpunkt **Datei/Neu/Seite**. Klicken Sie die Registerkarte **Stylesheets** an.

- Wählen Sie die angegebene Vorlage aus. Die anderen Möglichkeiten würden zu Änderungen bestehender Formatvorlagen führen.

- Wählen Sie den Menüpunkt **Format/Formatvorlage**.

- Klicken Sie im Fenster **Formatvorlage** die Schaltfläche **Neu** an. Geben Sie danach im Fenster **Neue Formatvorlage** den Namen *Ueber1* an.

Erstellen eigener Formatvorlagen

Bearbeitungsschritte (Fortsetzung):

- Klicken Sie die Schaltfläche **Format** an und wählen Sie danach den Menüpunkt **Zeichen**.

- Stellen Sie die Zeichendarstellung folgendermaßen ein:

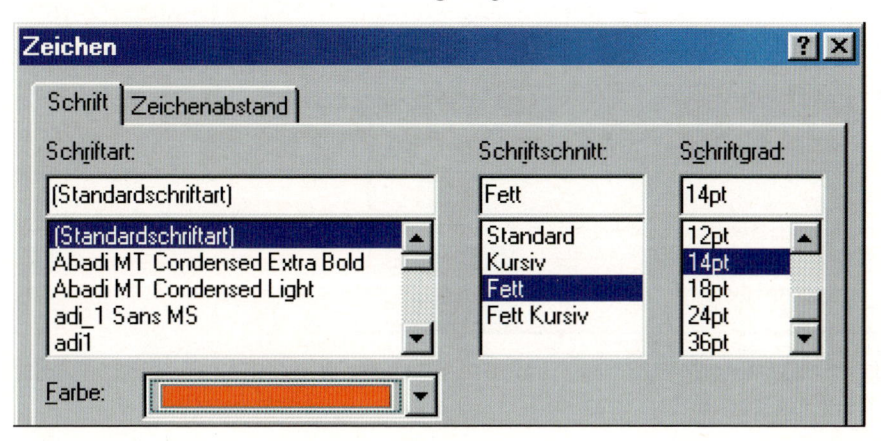

- Klicken Sie zuerst im Fenster **Zeichen** und danach im Fenster **Neue Formatvorlage** die Schaltfläche **OK** an.

- Speichern Sie die Datei über den Menüpunkt **Datei/Speichern** unter dem angegebenen Namen ab.

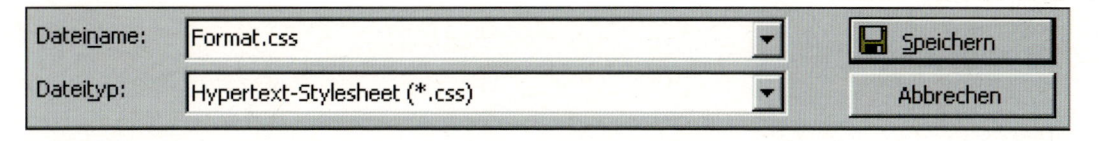

- In der Ordnerliste wird die Formatvorlage Format.css angezeigt.

- Die definierte Formatvorlage sieht folgendermaßen aus:

```
.Ueberl    { font-size: 14pt; color: #FF0000; font-style: italic; font-weight: bold;
             text-align: left }
```

- Wählen Sie den Menüpunkt **Format/Links to Stylesheet**. Wählen Sie die Alternative **Alle Seiten** und klicken Sie die Schaltfläche **Hinzufügen** an.

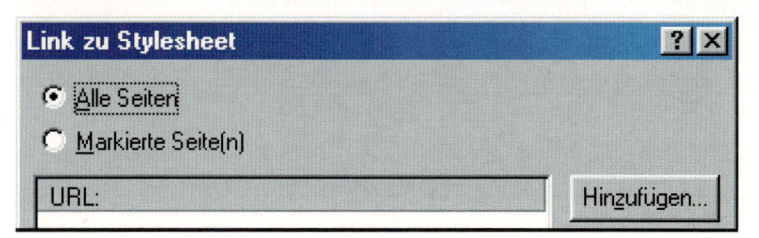

Bearbeitungsschritte (Fortsetzung):

- Wählen Sie im Fenster **Hyperlink auswählen** die Datei *Format.css* aus und klicken Sie die Schaltfläche **OK** an.

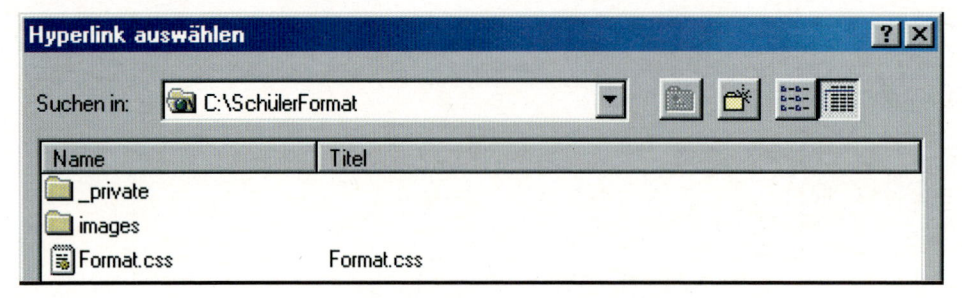

- Im Fenster **Link zu Stylesheet** wird nun angegeben, dass ein Link zu *Format.css* gelegt wurde.

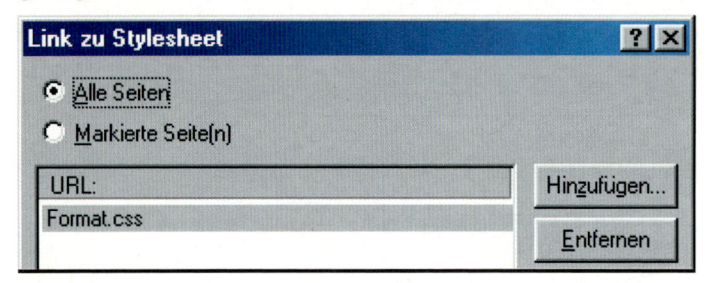

- Klicken Sie die Schaltfläche **OK** an, um den Vorgang abzuschließen. Die Formatvorlage steht nun zur Verfügung und kann jederzeit eingesetzt werden.

- Öffnen Sie die Datei *aktuell1.htm*. Markieren Sie die Überschrift.

- Wählen Sie die neue Formatvorlage in der Symbolleiste **Format** aus.

- Die erste Zeile wird wie definiert angezeigt:

  Schüler GmbH, Papenburg

16.3.2 Ändern einer Formatvorlage

Die bisher erstellte Formatvorlage verändert lediglich die Größe und die Farbe von Zeichen. Dies wäre unter Umständen leichter durch die direkte Formatierung in einem Dokument zu realisieren. Der wirkliche Vorteil ist erst dann gegeben, wenn verschiedene Formatierungen einer Formatvorlage zugewiesen werden.

Bearbeitungsschritte:

- Wählen Sie den Menüpunkt **Datei/Öffnen** und öffnen Sie die Datei *format.css*. Das Öffnen können Sie alternativ durch einen Doppelklick auf den Namen der Datei in der **Ordnerliste** vornehmen.

Erstellen eigener Formatvorlagen 75

Bearbeitungsschritte (Fortsetzung):

- Wählen Sie den Menüpunkt **Format/Formatvorlage**. Unter Umständen müssen Sie im Bereich **Liste** *Benutzerdefinierte Formatvorlagen* einstellen.

- Markieren Sie die Formatvorlage *format.css* und klicken Sie die Schaltfläche **Ändern** an. Sie haben nun die Möglichkeit, über die Schaltfläche **Format** Einstellungen vorzunehmen.

- Nehmen Sie folgende Einstellungen im Bereich **Absatz** vor:

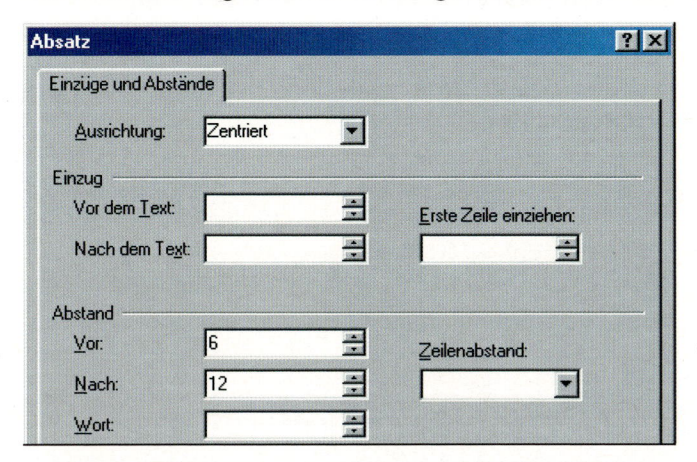

- Nehmen Sie folgende Einstellungen im Bereich **Rahmen und Schattierung** vor:

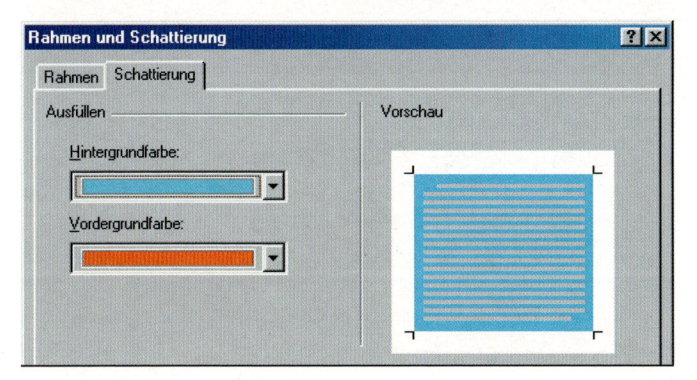

- Verlassen Sie danach das Fenster **Formatvorlage** und speichern Sie die Datei ab.

- Die Formatvorlage hat nun den folgenden Inhalt:

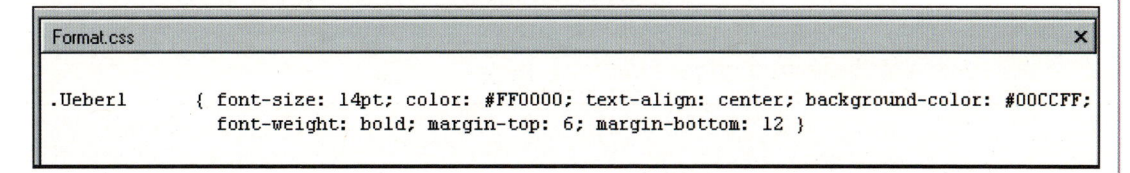

```
Format.css                                                                    x

.Ueber1     { font-size: 14pt; color: #FF0000; text-align: center; background-color: #00CCFF;
              font-weight: bold; margin-top: 6; margin-bottom: 12 }
```

- Rufen Sie die Datei *aktuell1.htm* auf. Die erste Zeile wurde entsprechend des Formats angepasst.

Schüler GmbH, Papenburg

- Damit ist die erste Formatvorlage für eine Internetpräsenz erstellt worden. In die Datei *Format.css* lassen sich nun weitere Formatvorlagen einfügen. Außerdem kann man in ein Web selbstverständlich auch mehrere Dateien mit Formatvorlagen einfügen.

16.3.3 Hinzufügen einer weiteren neuen Formatvorlage

In die Datei mit der Formatvorlage *format.css* soll eine zweite Formatvorlage für die Gestaltung eines Textes eingefügt werden. Anschließend sollten Sie verschiedene andere Formatvorlagen erstellen und ausprobieren.

Bearbeitungsschritte:

- Öffnen Sie die Datei *Format.css* in der Ordnerliste durch einen Doppelklick.

- Wählen Sie den Menüpunkt **Format/Formatvorlage**. Im Fenster **Formatvorlage** erstellen Sie eine neue Formatvorlage mit dem Namen *Text1*.

- Die Formatvorlage sollte in der Datei *aktuell1.htm* nach der Zuweisung der Formatvorlage in etwa zu folgendem Ergebnis führen:

> **Schüler GmbH, Papenburg**
>
> **führendes Bürofachgeschäft im norddeutschen Raum**
> **günstige Preise**
> **aktuelle Produktpalette**
> **leistungsstarker und zuverlässiger Kundendienst**

- Die beiden Formatvorlagen wurden folgendermaßen definiert:

```
Format.css                                                                    x

.Ueberl      { font-size: 14pt; color: #FF0000; text-align: center; background-color: #00CCFF;
               font-weight: bold; margin-top: 6; margin-bottom: 12 }

.Text1       { font-size: 12pt; color: #0000FF; text-decoration: underline; font-weight: bold;
               margin-top: 3; margin-bottom: 3 }
```

- Erstellen Sie weitere Formatvorlagen, um Formatierungen in Zukunft problemlos vornehmen zu können. Eine mögliche weitere Textvorlage könnte folgendermaßen aussehen:

```
.Text2       { font-family: Calligraph421 BT; color: #FF0000; text-align: left;
               list-style-type: decimal; margin-top: 3; margin-bottom: 3 }
```

- Folgendes Ergebnis wird angezeigt:

> **Schüler GmbH, Papenburg**
>
> führendes Bürofachgeschäft im norddeutschen Raum
> günstige Preise
> aktuelle Produktpalette
> leistungsstarker und zuverlässiger Kundendienst

- Die erstellte Datei *Format.css* kann in andere Webs über den Menüpunkt **Datei/Importieren** eingefügt werden. Die Einbindung der Formatvorlagen erfolgt wie beschrieben über den Menüpunkt **Format/Links zu Stylesheet**.

Erstellen eigener Formatvorlagen 77

16.3.4 Erstellung einer Formatvorlage auf Basis einer Formatvorlage

Die Veränderung oder Ergänzung einer bestehenden Formatvorlage bietet ebenfalls Möglichkeiten, Webseiten vernünftig zu gestalten. Die grundsätzliche Frage bleibt jedoch, ob es besser ist, bestehende Dateien mit Formatvorlagen individuell anzupassen oder neue Dateien mit Formatvorlagen zu erstellen, die dann in andere Webs importiert werden und dann in diesen Webs zur Verfügung stehen.

Bearbeitungsschritte:

- Wählen Sie den Menüpunkt **Datei/Neu/Seite**. Klicken Sie die Registerkarte **Stylesheets** an.

- Wählen Sie die Vorlage *Blaupause.css* aus.

- Die Formatierungen der Formatvorlage werden angezeigt.

- Wählen Sie den Menüpunkt **Format/Formatvorlage**. Die einzelnen Formatvorlagen werden dargestellt:

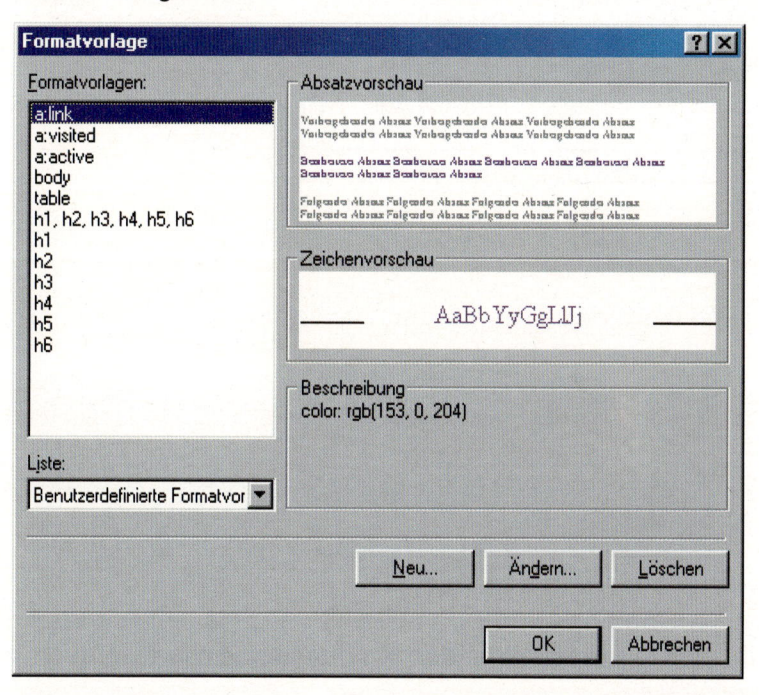

- Wie bereits beschrieben, können Sie die einzelnen Formatvorlagen, die bereits definiert wurden, bearbeiten. Wollen Sie z. B. die erste Überschrift, die in dieser Formatvorlage vorhanden ist, ändern, müssen Sie die Formatvorlage *h1* markieren und dann nach Anklicken der Schaltfläche **Ändern** entsprechend verändern.

- Das Hinzufügen weitere Formatvorlagen kann wie im letzten Abschnitt beschrieben vorgenommen werden. Damit stehen neben den durch das Design vorgegebenen Stylesheets weitere zur Verfügung.

17 Erstellen eines neuen Designs

17.1 Vorbemerkungen

Das Programm FrontPage stellt eine Reihe vorgefertigter Designs zur Verfügung. Durch die Änderung einzelner Komponenten dieser Designs stehen unbegrenzte Möglichkeiten zur Verfügung, Seiten individuell zu gestalten. Ein Element, die Erstellung von eigenen Stylesheets, wurde im vorherigen Kapitel bereits beschrieben. Andere Möglichkeiten, wie etwa das Austauschen von Hintergründen, Schaltflächen usw., ergeben sich durch das Bearbeiten der Eigenschaften von Designs.

17.2 Speichern eines Designs unter einem neuen Namen

Die Erstellung eines neuen Designs erfolgt auf der Grundlage eines bereits vorhandenen Designs. Damit das bisherige Design unverändert erhalten bleibt, sollte zunächst das Design unter einem anderen Namen abgespeichert werden.

Bearbeitungsschritte:

- Erstellen Sie das Web *SchülerFormat2*. Neben der Seite *index.htm* sollen die Seiten *produkte.htm*, *agb.htm*, *kontakte.htm* und *anfahrt.htm* erstellt werden.

- Erstellen Sie folgende Navigation:

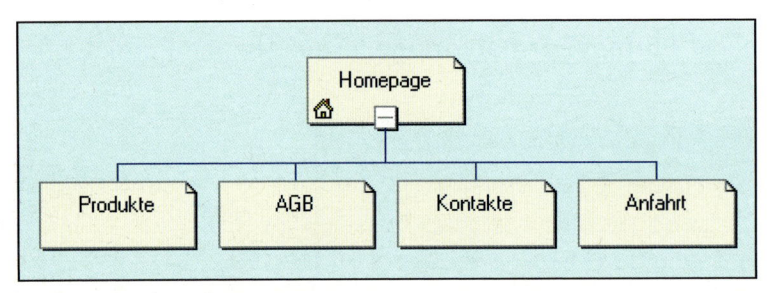

- Gehen Sie auf die Seite *index.htm*. Wählen Sie den Menüpunkt **Format/Design**. Bestimmen Sie das Design *Gekippt*.

- Klicken Sie die Schaltfläche **Ändern** an. Es werden zusätzliche Schaltflächen angezeigt:

- Klicken Sie die Schaltfläche **Speichern unter** an. Damit das Design nicht irrtümlich überschrieben wird, sollte es unter dem folgenden Namen abspeichert werden:

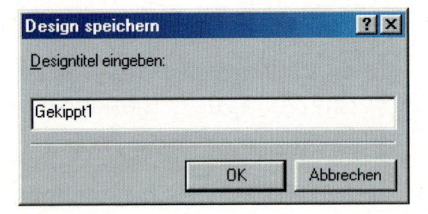

- Im linken Bereich des Fensters **Designs** wird ein Design mit dem Namen *Gekippt1* angezeigt. Das neue Design ist markiert. Es kann bearbeitet werden kann.

Farbgestaltung des neuen Designs 79

17.3 Farbgestaltung des neuen Designs

Der Austausch von Farben bewirkt sofort eine deutliche optische Änderung des Designs. Verschiedene Möglichkeiten werden vom Programm zur Verfügung gestellt.

Bearbeitungsschritte:

- Klicken Sie die Schaltfläche **Farben** an. Im Register **Farbskalen** können Sie verschiedene Möglichkeiten ausprobieren.

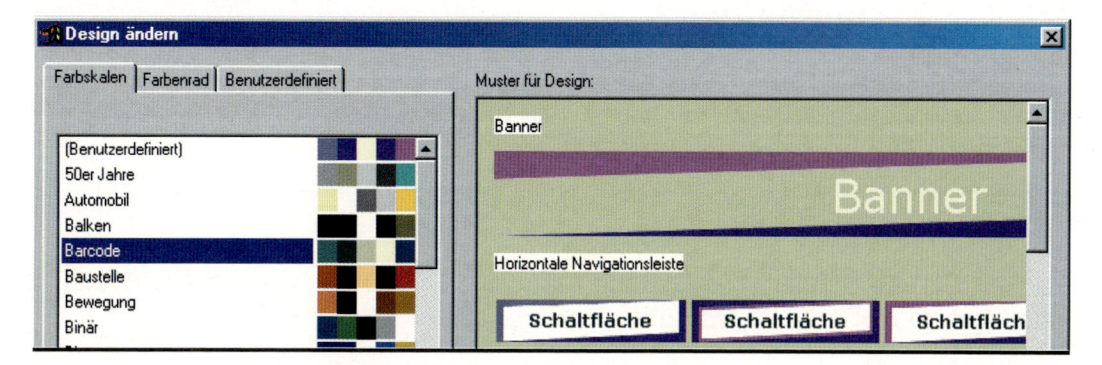

- Die Darstellung wird wesentlich durch das Anklicken der zur Verfügung stehenden Optionsschaltflächen beeinflusst.

- Im Register **Farbenrand** können die Farben die Textdarstellung beeinflussen:

- Die genauesten Möglichkeiten zur Bestimmung von Farben werden über die Registerkarte **Benutzerdefiniert** zur Verfügung gestellt. Einzelne Elemente können ausgewählt und mit einer Farbe belegt werden.

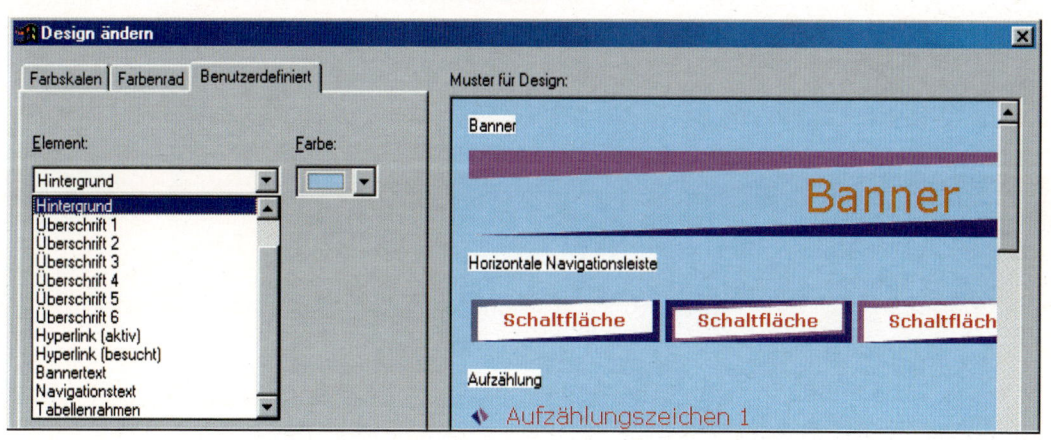

- Stellen Sie eine Farbauswahl nach ihren Wünschen zusammen.

17.4 Grafiken des neuen Designs

Die sicherlich schwierigste Möglichkeit, ein Design zu verändern, ist das Austauschen von Grafiken für Schaltflächen usw. Es können vorhandene Grafiken, z. B. aus einem anderen Design, eingesetzt werden. Normalerweise müssen jedoch mit einem Grafikprogramm Grafiken erstellt werden. Eine andere Möglichkeit ist das Herunterladen der Grafiken aus dem Internet. Die hier benutzten Grafiken findet man unter der Adresse *www.werner-geers.de/buecher/frontpage/Grafiken*.

Bearbeitungsschritte:

- Erstellen Sie drei Grafiken bzw. laden Sie die Grafiken. Speichern Sie die Grafiken unter den Namen *Bild1.gif*, *Bild2.gif* und *Bild3.gif* in das Verzeichnis, in dem sich das Web *SchülerFormat2* befindet.

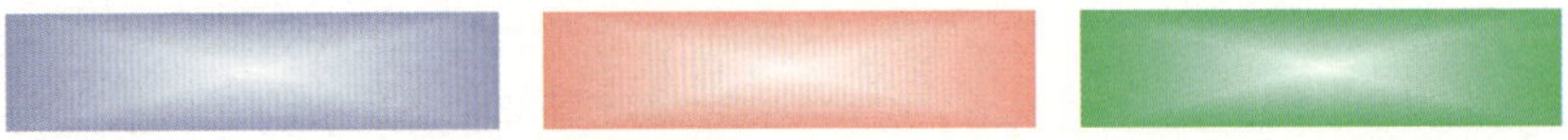

- Klicken Sie die Schaltfläche **Grafiken** im Fenster **Design ändern** an. Wählen Sie das Element **Horizontale Navigationsleiste** aus.

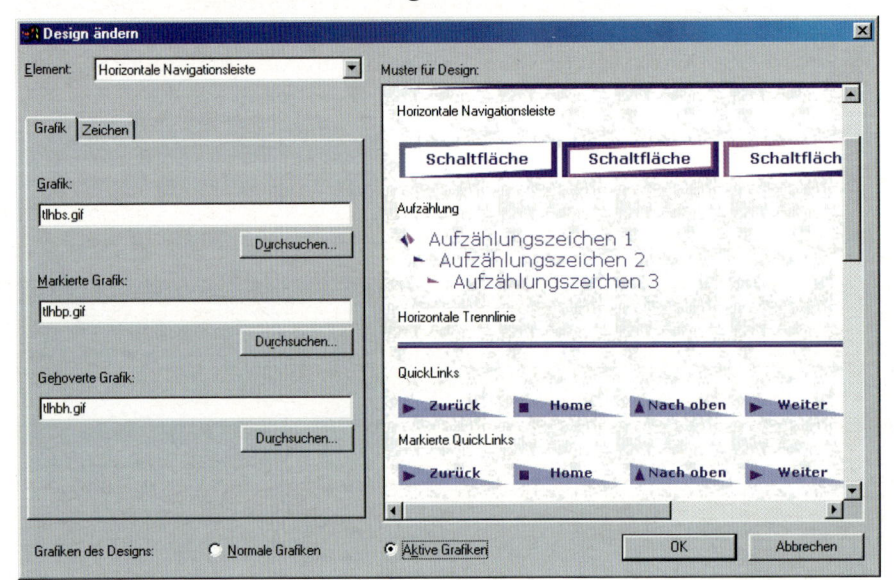

- Die einzelnen benutzten Grafiken werden angezeigt. Laden Sie über die Schaltflächen **Durchsuchen** die Grafiken, die benutzt werden sollen.

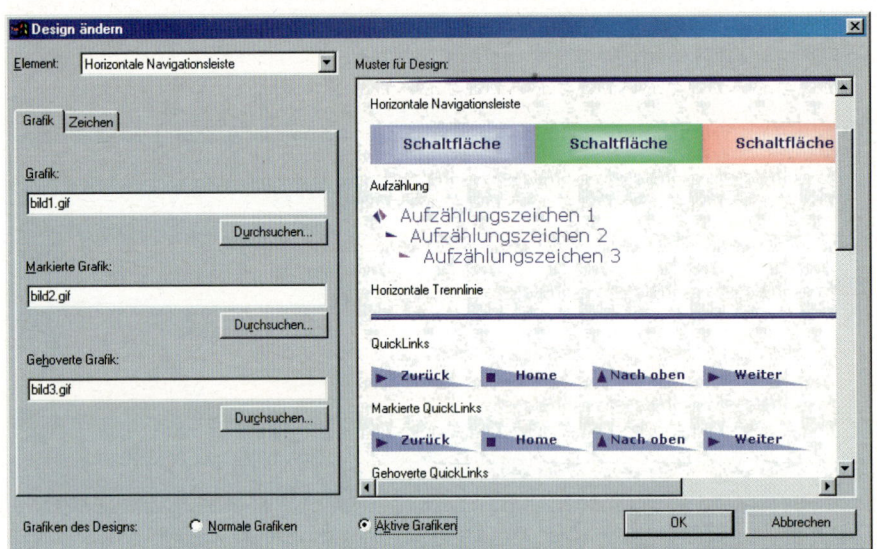

Textdarstellung des neuen Designs 81

Bearbeitungsschritte (Fortsetzung):

- Klicken Sie die Schaltflächen **OK** in den Fenstern **Design ändern** und **Designs** an. Speichern Sie nach Aufforderung die Änderungen des Designs *Gekippt1* ab.

- Fügen Sie über den Menüpunkt **Einfügen/Navigationsleiste** eine Navigationsleiste (*Untergeordnete Ebene*) in die Seite *index.htm* ein.

- Über den Internetbrowser können Sie sich den Erfolg ansehen:

- Fügen Sie in die anderen Seiten ebenfalls die Navigationsleiste ein.

17.5 Textdarstellung des neuen Designs

Genauso wie Farben und Grafiken kann die Textdarstellung geändert werden. Neben dem Auswählen von Schriftarten können Formatvorlagen erstellt und genutzt werden.

Bearbeitungsschritte:

- Klicken Sie die Schaltfläche **Text** im Fenster **Designs** an.

- Wählen Sie ein Element, z. B. *Textkörper*, aus.

- Bestimmen Sie eine Schriftart. Die Darstellung ändert sich entsprechend der gewählten Schriftart.

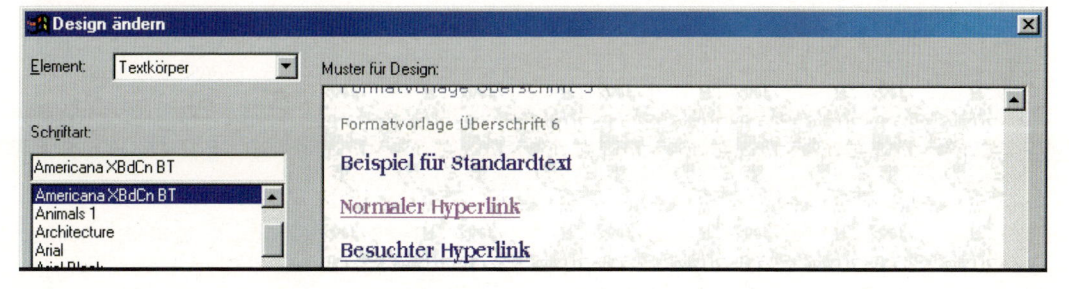

- Klicken Sie die Schaltfläche **Weitere Textformatvorlagen** an. Es wird das Fenster **Formatvorlage** eingeblendet. Nach Anklicken der Schaltfläche **Neu** können Formatvorlagen erstellt werden. Dies wurde bereits im Kapitel *Formatvorlagen* beschrieben.

18 HTML- Befehle in Webseiten

18.1 Vorbemerkungen

Webseiten bestehen im Wesentlichen aus HTML-Befehlen (**H**yper**T**ext **M**arkup **L**anguage). FrontPage versieht die in der Normalansicht eingegebenen Texte, Grafiken usw. mit HTML-Befehlen, sodass die Seiten von einem Browser interpretiert werden können. Der von FrontPage erzeugte Code der Seite *werbung.htm* sieht z. B. folgendermaßen aus:

```html
<html>

<head>
<meta http-equiv="Content-Language" content="de">
<meta http-equiv="Content-Type" content="text/html; charset=windows-1252">
<meta name="GENERATOR" content="Microsoft FrontPage 4.0">
<meta name="ProgId" content="FrontPage.Editor.Document">
<title>Werbung</title>
<meta name="Microsoft Theme" content="blueprnt 1111, default">
</head>

<body>

<p>
<applet code="fprotate.class" codebase="./" width="200" height="80">
  <param name="image1" valuetype="ref" value="Schueler.gif">
  <param name="image2" valuetype="ref" value="Papenburg.gif">
  <param name="rotatoreffect" value="blindsHorizontal">
  <param name="time" value="2">
</applet>
   <img border="0" src="Anim1.gif" width="200" height="80"></p>
<p> </p>

</body>

</html>
```

Ein normales HTML-Dokument besteht aus dem Header (Kopf) und dem Body (Körper). Der Header enthält z. B. den Titel der Seite, der Body enthält die Texte, Grafiken usw.

Grundgerüst einer HTML-Seite	Bereich
<html>	
<head> Titel </head>	**Header (Kopf)**
<body> Text, Grafiken usw. </body>	**Body (Körper)**
</html>	

Viele HTML-Elemente werden über die Menüpunkte vom Programm FrontPage zur Verfügung gestellt. Steht ein entsprechender Befehl nicht zur Verfügung, kann das FrontPage-Dokument durch einen HTML-Befehl ergänzt werden.

Anhand von zwei Beispielen soll das Prinzip verdeutlicht werden. Im ersten, einfachen Beispiel wird ein Bild mit Alternativtext eingefügt. Diese Möglichkeit bietet das Programm FrontPage durch die Bearbeitung der Bildeigenschaften ebenfalls. Im zweiten Beispiel sollen Daten aus dem Internet geladen werden.

Übersichten von HTML-Befehlen finden Sie im Internet. Entsprechende Links sind auf der Seite *www.werner-geers.de* zu finden.

Einfügen einer Grafik mit Alternativtext 83

18.2 Einfügen einer Grafik mit Alternativtext

Sollte eine Grafik einmal nicht angezeigt werden, kann zumindest ein alternativer Text vorgegeben werden. Außerdem wird dieser Text angezeigt, wenn die Grafik mit der Maus angefahren wird. Der Text kann also eine Grafik zusätzlich erklären.

Bearbeitungsschritte:

- Öffnen Sie das Web *SchülerKomp1*. Erstellen Sie eine neue Seite mit dem Namen *grafik.htm*.

- Kopieren Sie, falls notwendig, in das Verzeichnis die Grafik *gut.gif*. Sie können auch eine andere Grafik benutzen.

- Diese Grafik soll nicht nur in einem Web aufgerufen werden. Beim Anfahren mit der Maus soll außerdem ein alternativer Text ausgegeben werden.

- Wählen Sie den Menüpunkt **Einfügen/Erweitert/HTML**. Geben Sie den folgenden Code ein:

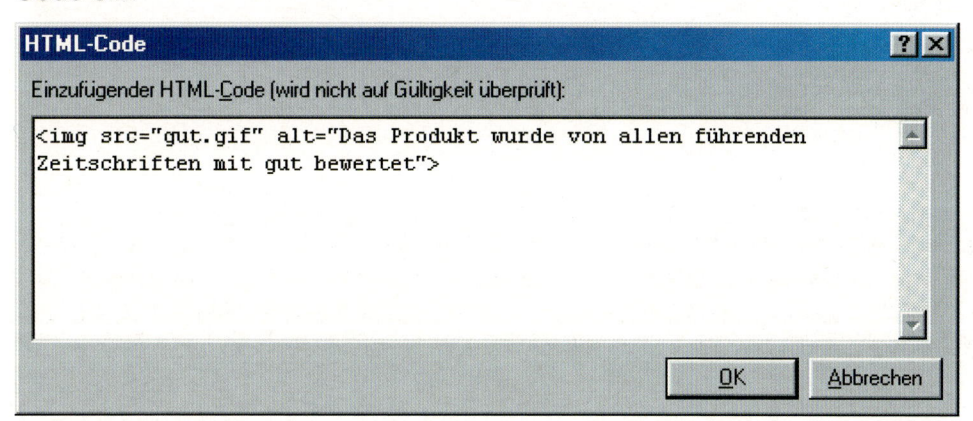

```
<img src="gut.gif" alt="Das Produkt wurde von allen führenden Zeitschriften mit gut bewertet">
```

- Der eingegebene Code bestimmt, dass eine Grafik geladen werden soll und alternativ bzw. zusätzlich der angegebene Text ausgegeben werden soll.

- Klicken Sie die Registerkarte **HTML** ( Normal / HTML / Vorschau) an. Der eingefügte HTML-Code wird angezeigt:

```
<p><!--webbot bot="HTMLMarkup" startspan --><img src="gut.gif"
alt="Das Produkt wurde von allen führenden Zeitschriften mit gut bewertet">
<!--webbot bot="HTMLMarkup" endspan -->
</p>
```

- Im Browser wird der Text nach Anfahren der Grafik mit der Maus angezeigt:

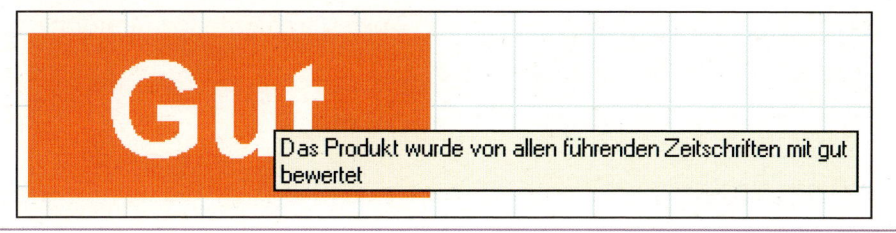

18.3 Einbau einer Möglichkeit zum Download

Das Downloaden, also Herunterladen von Dateien aus dem Internet ist auf verschiedene Arten realisierbar. Im gezeigten Beispiel wird ein HTML-Code eingefügt, der das Laden einer bestimmten, z. B. im Internet abgelegten Datei, erlaubt.

Bestimmte Dateitypen werden von den Internetbrowsern so interpretiert, dass sie zum Downloaden angeboten werden. Das wohl bekannteste Format ist das zip-Format. Das zip-Format fasst z. B. mehrere Dateien zusammen und komprimiert sie. Mit einem geeigneten Programm müssen die Dateien dann wieder entkomprimiert werden. Komprimierungsprogramme werden oftmals von Computerzeitschriften auf einer CD zur Verfügung gestellt. Es sind in der Regel Shareware- oder Freewareprogramme, die entweder erst nach einer gewissen Zeit gekauft werden müssen oder vollständig umsonst angeboten werden.

Die mit einem Komprimierungsprogramm erstellten zip-Daten werden in einem Verzeichnis im Internet abgelegt. Um sie laden zu können, wird mit einem HTML-Befehl auf die Datei verwiesen.

In der im nachfolgenden Beispiel angegebenen Datei befinden sich alle Grafiken, die man benötigt, wenn man mit den Beispielen dieses Buches arbeiten möchte und die Grafiken nicht selbst erstellen möchte.

Bearbeitungsschritte:

- Erstellen Sie eine Seite *download.htm* im Web *SchülerKomp1*.

- Wählen Sie den Menüpunkt **Einfügen/Erweitert/HTML**. Geben Sie den Code genau ein. Ein Tippfehler kann dazu führen, dass der entsprechende Befehl nicht ausgeführt wird.

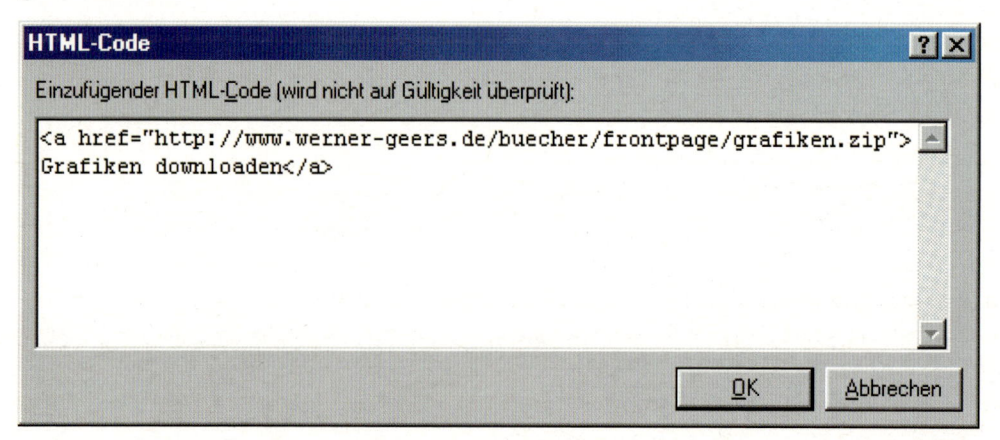

```
<a href="http://www.werner-geers.de/buecher/frontpage/grafiken.zip">
Grafiken downloaden</a>
```

- Der eingegebene Code verweist darauf, dass an der angegebenen Stelle eine Datei mit dem Namen *Grafiken.zip* abgelegt wurde. Mit dem angegebenen Befehl soll dann die Datei geladen werden.

- Der Text „Grafiken downloaden" soll den Nutzer darauf hinweisen, dass er durch Anklicken Grafiken laden kann.

- Im Normalfenster ist nichts sichtbar. Selbst der Text „Grafiken downloaden" wird nicht angezeigt.

- Im Browser wird der Text wie folgt dargestellt:

Grafiken downloaden

Downloaden einer Datei 85

18.4 Downloaden einer Datei

Bestimmte Dateien können durch Anklicken des Links aus dem Internet auf den eigenen Computer geladen werden. Die hier angegebene Datei *grafiken.zip* enthält alle Grafiken, die im Buch benutzt wurden.

Bearbeitungsschritte:

- Gehen Sie im Internet auf die folgende Adresse:

    http://www.werner-geers.de

- Klicken Sie die Schaltfläche *Bücher* und danach die Schaltfläche *FrontPage* an.

- Klicken Sie den folgenden Link an:

    Grafiken downloaden

- Das Fenster **Dateidownload** wird eingeblendet:

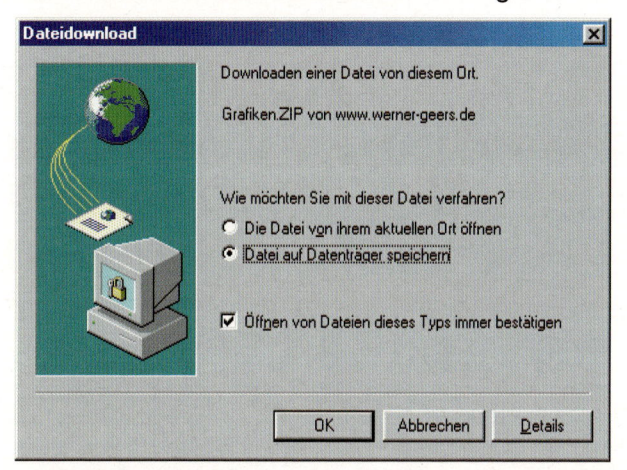

- Bestimmen Sie, dass die Datei auf einem Datenträger gespeichert werden soll. Speichern Sie danach die Datei ab.

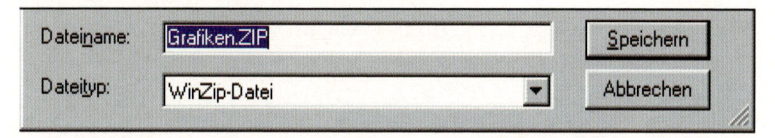

- Wenn Sie die Datei abgespeichert haben, können Sie die Datei öffnen, den Ordner öffnen oder den Download beenden.

- Klicken Sie die Schaltfläche **Schließen** an, wenn kein Komprimierungsprogramm auf Ihrem Rechner installiert ist. Ansonsten können Sie die Dateien auch öffnen.

Übungen:

1. Zur Gestaltung einzelner Webs benötigen Sie noch verschiedene Formatvorlagen.

    a) Erstellen Sie die Formatvorlage *Format1* mit folgenden einzelnen Vorlagen:

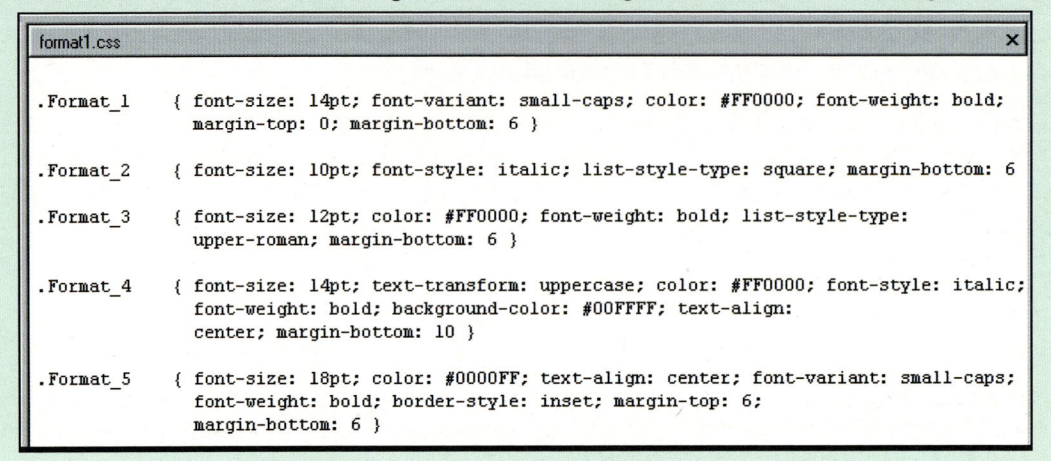

    ```
    format1.css                                                              x

    .Format_1    { font-size: 14pt; font-variant: small-caps; color: #FF0000; font-weight: bold;
                   margin-top: 0; margin-bottom: 6 }

    .Format_2    { font-size: 10pt; font-style: italic; list-style-type: square; margin-bottom: 6 }

    .Format_3    { font-size: 12pt; color: #FF0000; font-weight: bold; list-style-type:
                   upper-roman; margin-bottom: 6 }

    .Format_4    { font-size: 14pt; text-transform: uppercase; color: #FF0000; font-style: italic;
                   font-weight: bold; background-color: #00FFFF; text-align:
                   center; margin-bottom: 10 }

    .Format_5    { font-size: 18pt; color: #0000FF; text-align: center; font-variant: small-caps;
                   font-weight: bold; border-style: inset; margin-top: 6;
                   margin-bottom: 6 }
    ```

    b) Binden Sie die Formatvorlage in ein Web, z. B. dem Web *Schule4*, ein. Die einzelnen Formatvorlagen führen zu folgendem Ergebnis:

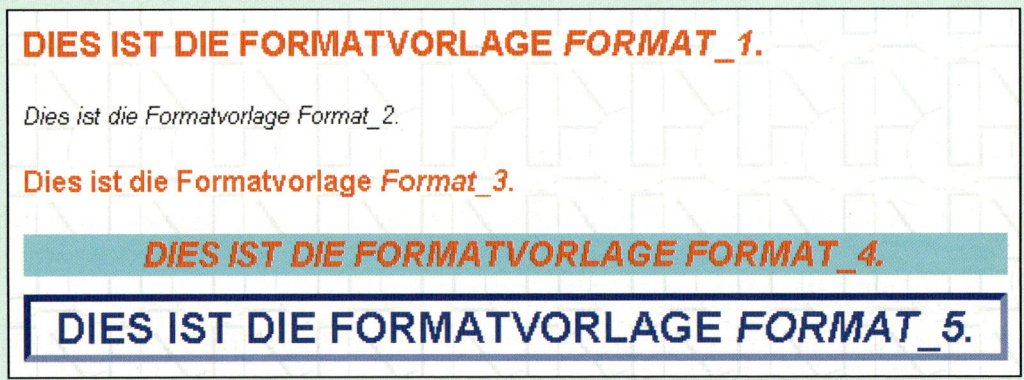

    DIES IST DIE FORMATVORLAGE *FORMAT_1*.

    Dies ist die Formatvorlage Format_2.

    Dies ist die Formatvorlage *Format_3*.

    DIES IST DIE FORMATVORLAGE FORMAT_4.

    DIES IST DIE FORMATVORLAGE *FORMAT_5*.

2. Um individuelle Lösungen für die Gestaltung einer Homepage zu erzielen, ist es sinnvoll, eigene Designs auf Grundlage vorhandener Designs zu erstellen.

    a) Verändern Sie ein Design, z. B. *Highway* nach Ihren Vorstellungen.

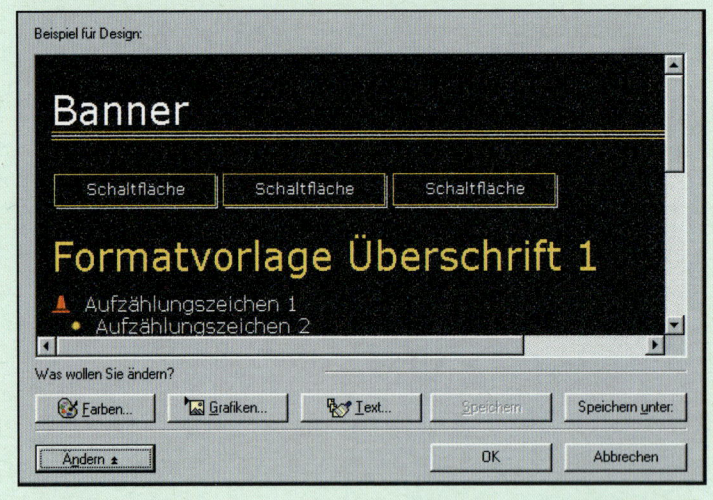

    b) Weisen Sie das neue Design vorhandenen Webs zu.

3. Fügen Sie HTML-Befehle in Webseiten ein.

Erstellung eines Formulars mit dem Formular-Assistenten 87

19 Formulare

19.1 Vorbemerkungen

Das grundsätzliche Problem bei der Erstellung von Formularen mit **FrontPage** besteht darin, dass die Nutzung des Formulars durch den Internetprovider unterstützt werden muss. Dies ist jedoch nicht immer der Fall. Zumeist bieten die Provider einige teure Tarife an, die dann auch die Unterstützung gewährleisten.

Daher werden in diesem Buch nicht alle Möglichkeiten, Formulare zu erstellen, angesprochen. Lediglich die Erstellung eines komfortablen Formulars mit Hilfe des *Formularseiten-Assistenten* soll hier dargestellt werden. Dieser Assistent bietet alle Möglichkeiten, aussagekräftige und vernünftige Formulare zu erstellen. Außerdem lässt er eine flexible Gestaltung der Seiten zu.

19.2 Erstellung eines Formulars mit dem Formular-Assistenten

Das zu erstellende Formular soll Kontaktinformationen enthalten. Darüber hinaus soll die Möglichkeit gegeben werden, ein Produkt zu beurteilen und zu kommentieren.

Bearbeitungsschritte:

- Erstellen Sie ein Web unter dem Namen *SchülerForm1*.

- Wählen Sie den Menüpunkt **Datei/Neu/Seite**. Wählen Sie die folgende Seite aus:

- Nach Anklicken der Schaltfläche **OK** wird der Formular-Assistent aufgerufen. Es werden zunächst Informationen zur Arbeitsweise des Assistenten gegeben

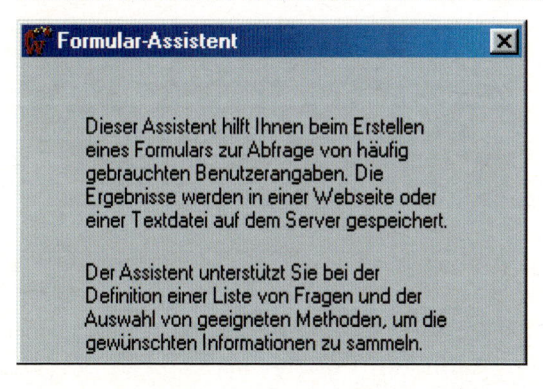

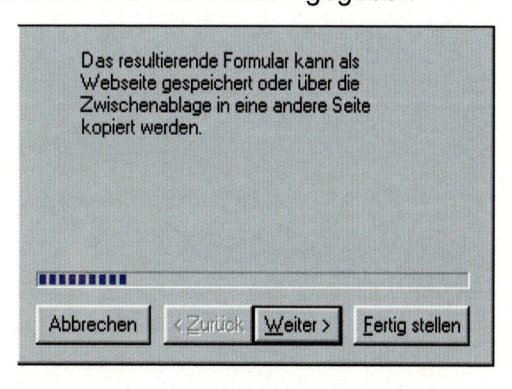

- Nach Anklicken der Schaltfläche **Weiter** wird der nächste Bereich aufgerufen.

- Im Formular-Assistenten werden Informationen zur Vorgehensweise angezeigt:

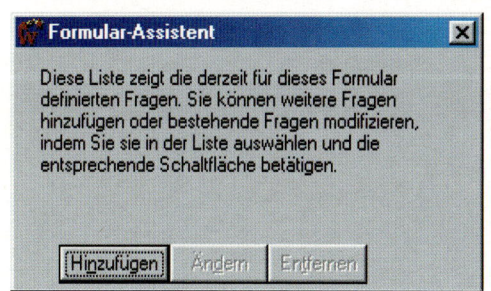

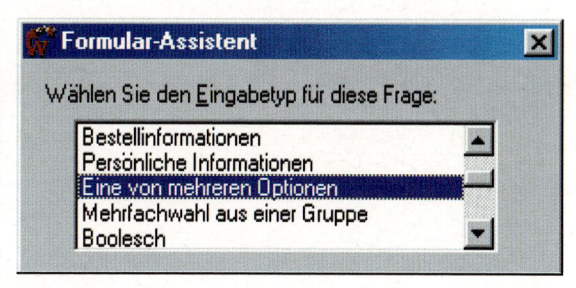

- Klicken Sie die Schaltfläche **Hinzufügen** an. Wählen Sie die angegebene Option aus. Klicken Sie dann die Schaltfläche **Weiter** an.

Bearbeitungsschritte (Fortsetzung):

- Geben Sie die 6 möglichen Noten an. Bestimmen Sie, dass Optionsfelder eingesetzt werden.

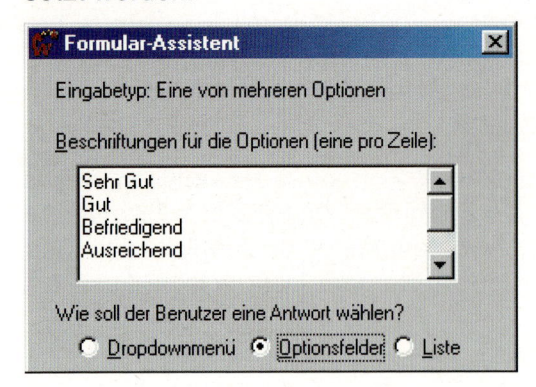

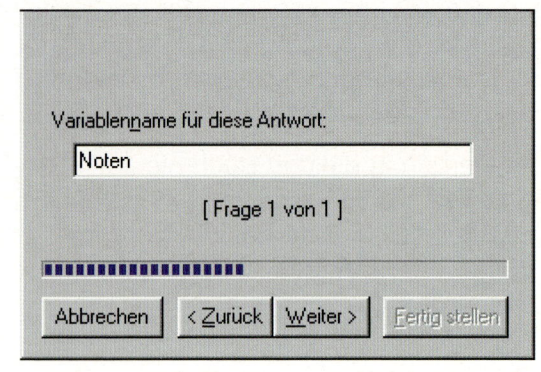

- Klicken Sie die Schaltfläche **Weiter** an.
- Im Fenster **Formular-Assistent** klicken Sie wieder die Schaltfläche **Hinzufügen** an.
- Im nächsten Fenster wählen Sie den Eingabetyp **Absatz**, damit ein Text eingegeben werden kann. Bestimmen Sie den Aufforderungstext wie angegeben:

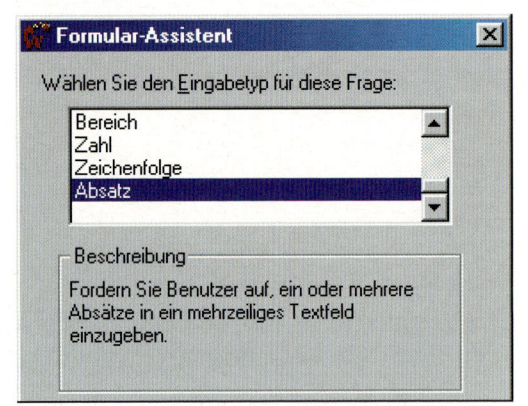

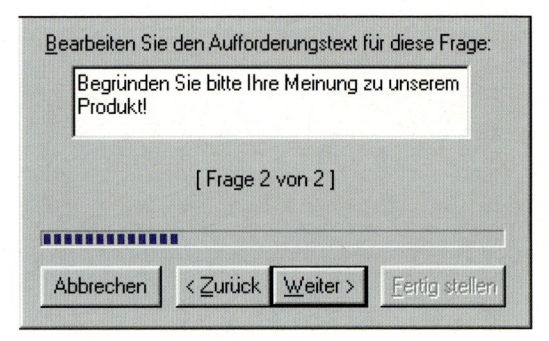

- Klicken Sie die Schaltfläche **Weiter** an.
- Geben Sie im nächsten Fenster einen Variablennamen für die Antwort ein:

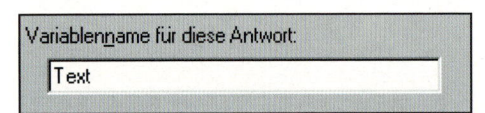

- Klicken Sie die Schaltfläche **Weiter** an. Im nächsten Fenster klicken Sie nochmals die Schaltfläche **Hinzufügen** an.

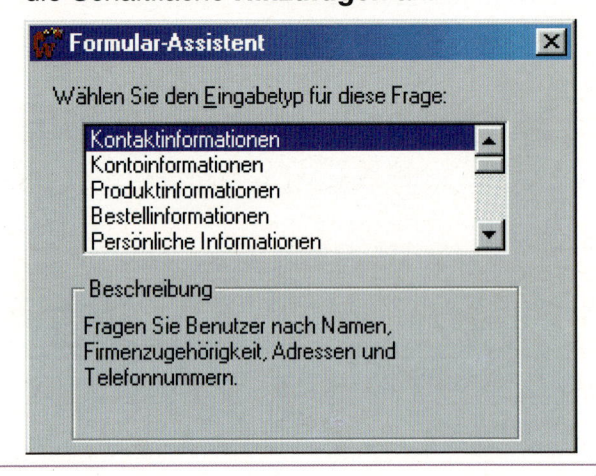

Erstellung eines Formulars mit dem Formular-Assistenten **89**

Bearbeitungsschritte (Fortsetzung):

- Im nächsten Fenster können Sie die benötigten Kontaktinformationen auswählen:

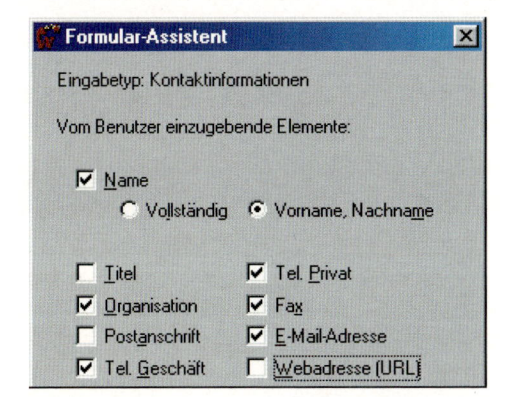

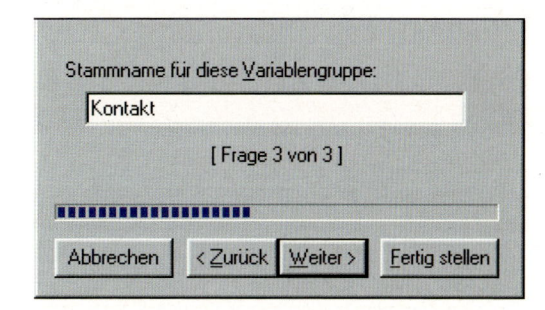

- Klicken Sie die Schaltfläche **Weiter** in diesem und dem nächsten Fenster an.

- Stellen Sie die Präsentation des Formulars wie folgt ein:

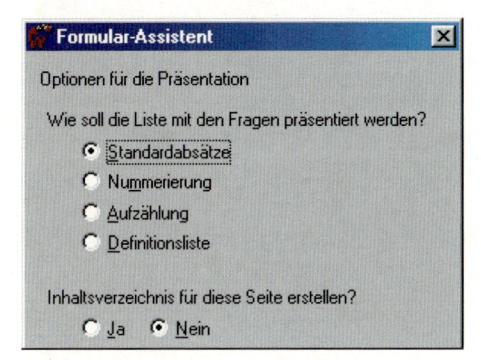

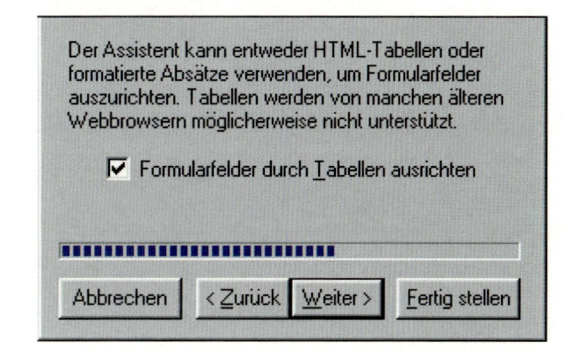

- Klicken Sie die Schaltfläche **Weiter** an.

- Bestimmen Sie Optionen für die Ausgabe. Wie bereits angegeben, können die Ergebnisse nicht ohne die FrontPage-Servererweiterungen ausgegeben werden. Daher ist es eigentlich egal, welche Option Sie wählen, es sei denn, sie sind in der Lage, ein *CGI-Skript*, welches die Daten übermittelt, zu erstellen.

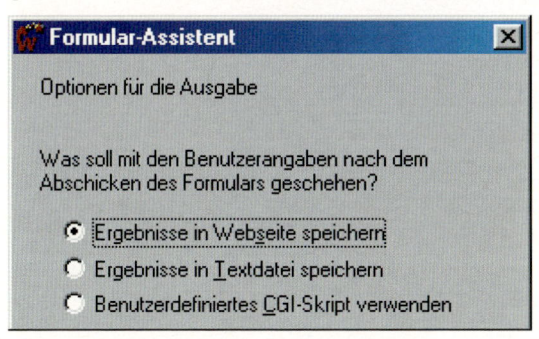

- Klicken Sie die Schaltfläche **Weiter** und danach die Schaltfläche **Fertigstellen** an.

- Im Browser sieht das Ergebnis, das hier verkürzt dargestellt wird, so aus:

- Eine Nachbearbeitung des Formulars sowohl inhaltlich als auch im Design erscheint notwendig.

19.3 Nachbearbeitung des Formulars

Wird das Formular in der angegebenen Form ins Internet gestellt, so kann der Anwender sicherlich wenig damit anfangen. Außerdem ist es vernünftig, dem Formular ein Design zuzuweisen.

Bearbeitungsschritte:

- Wählen Sie über den Menüpunkt **Format/Design** das Design *Blaupause* aus.

- Fügen Sie die folgenden Informationen in einer Tabelle ein:

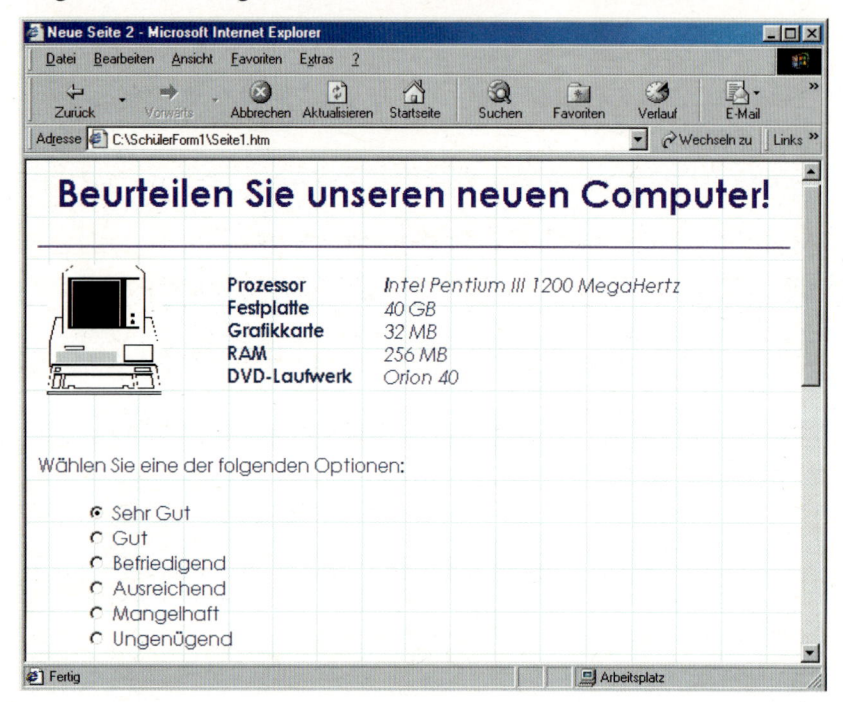

- Klicken Sie das Textfeld an und ziehen Sie es breiter. Der Rest des Formulars könnte ausgefüllt dann so aussehen:

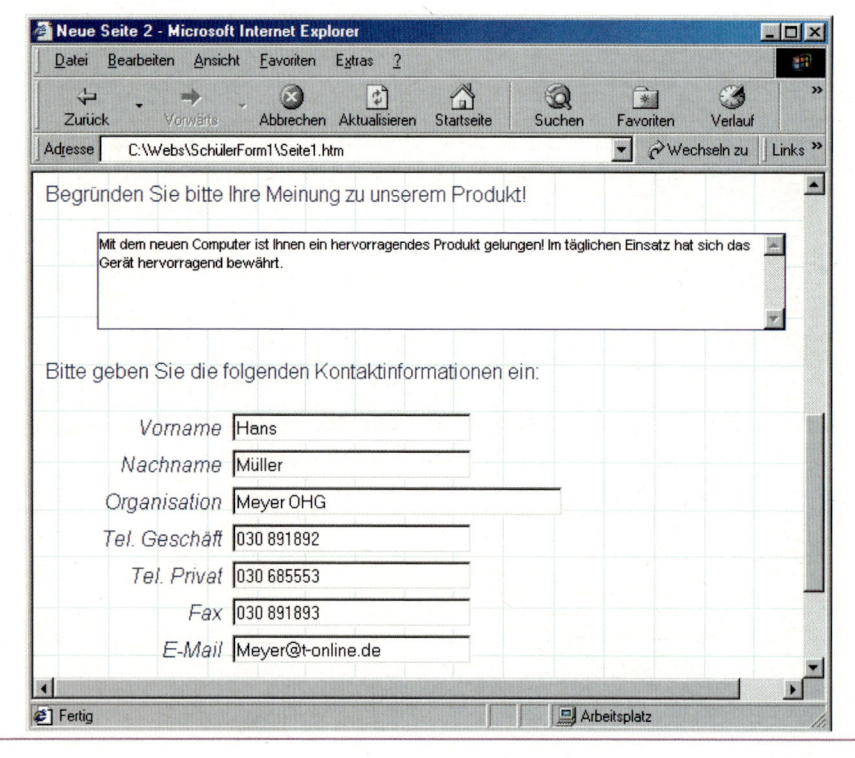

Vorbemerkungen 91

20 Einbau einer Excel-Seite in ein Web

20.1 Vorbemerkungen

Die Daten der Programme Word, Excel und Access lassen sich als Webseiten abspeichern. Damit besteht die Möglichkeit, die mit diesen Programmen erstellten Texte, Tabellen und Grafiken in FrontPage-Webs zu integrieren. Am Beispiel von Tabellen und Grafiken, die mit dem Programm Excel 2000 erstellt wurden, soll das Prinzip verdeutlicht werden. Dabei wird die Erstellung der Tabelle und der Grafik in Excel nicht erklärt.

20.2 Speichern einer gesamten Excel-Datei als Webseite

Das Programm Excel bietet die Möglichkeit, erstellte Tabellen als Webseiten abzuspeichern. Dies ist über einen Menüpunkt realisierbar.

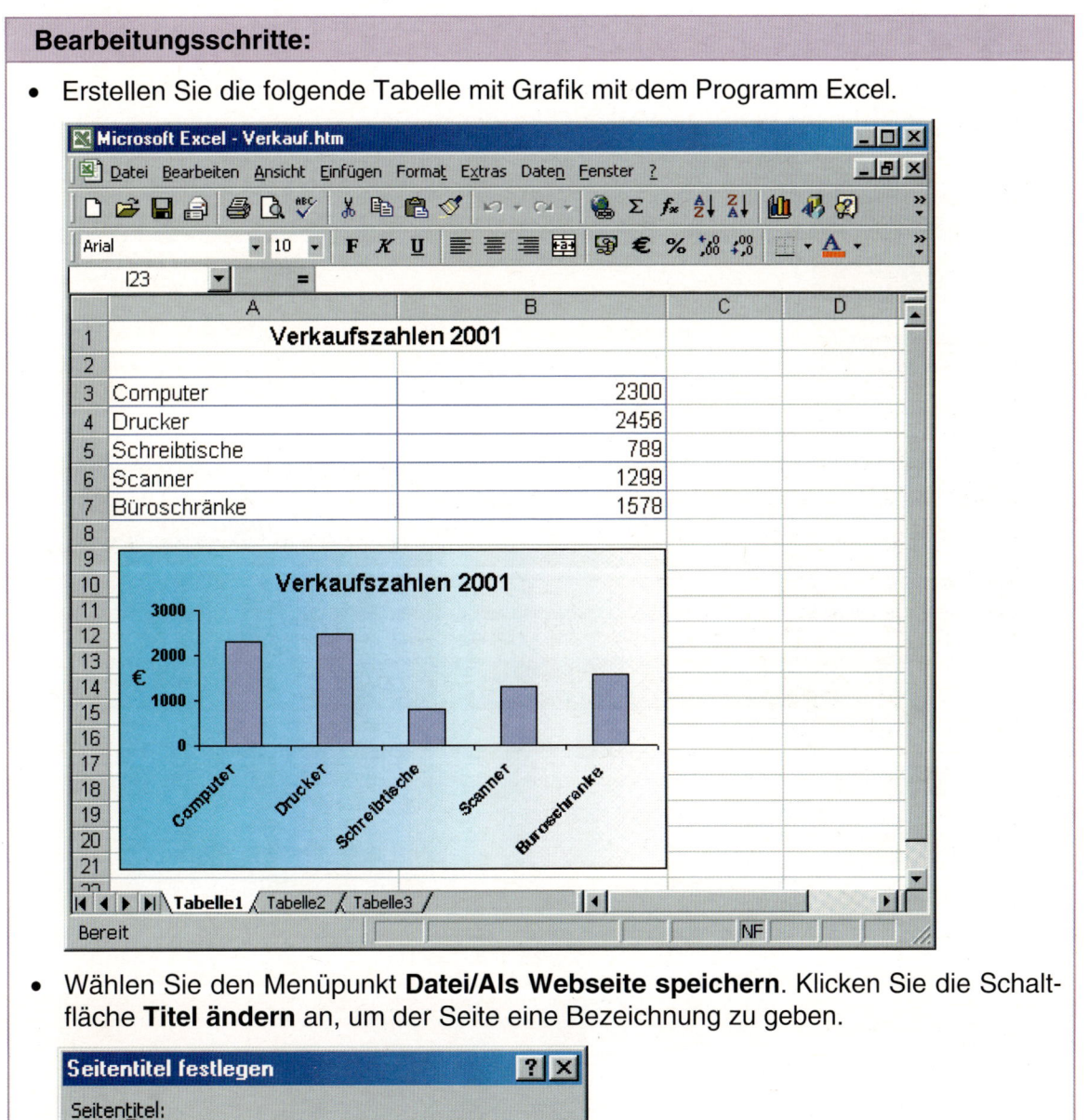

Bearbeitungsschritte:

- Erstellen Sie die folgende Tabelle mit Grafik mit dem Programm Excel.

- Wählen Sie den Menüpunkt **Datei/Als Webseite speichern**. Klicken Sie die Schaltfläche **Titel ändern** an, um der Seite eine Bezeichnung zu geben.

Bearbeitungsschritte (Fortsetzung):

- Speichern Sie die Datei im Verzeichnis *SchülerFr2*.

- Öffnen Sie im Programm **FrontPage** das Web *SchülerFr2*. Die Datei *verkauf.htm* wird in der Ordnerliste angezeigt:

- Fügen Sie auf der Seite *menue1.htm* eine Hoverschaltfläche hinzu und verlinken Sie die Schaltfläche mit der Seite *Verkauf.htm*, die im rechten Frame angezeigt werden soll.

- Das Ergebnis kann im **Browser** betrachtet werden:

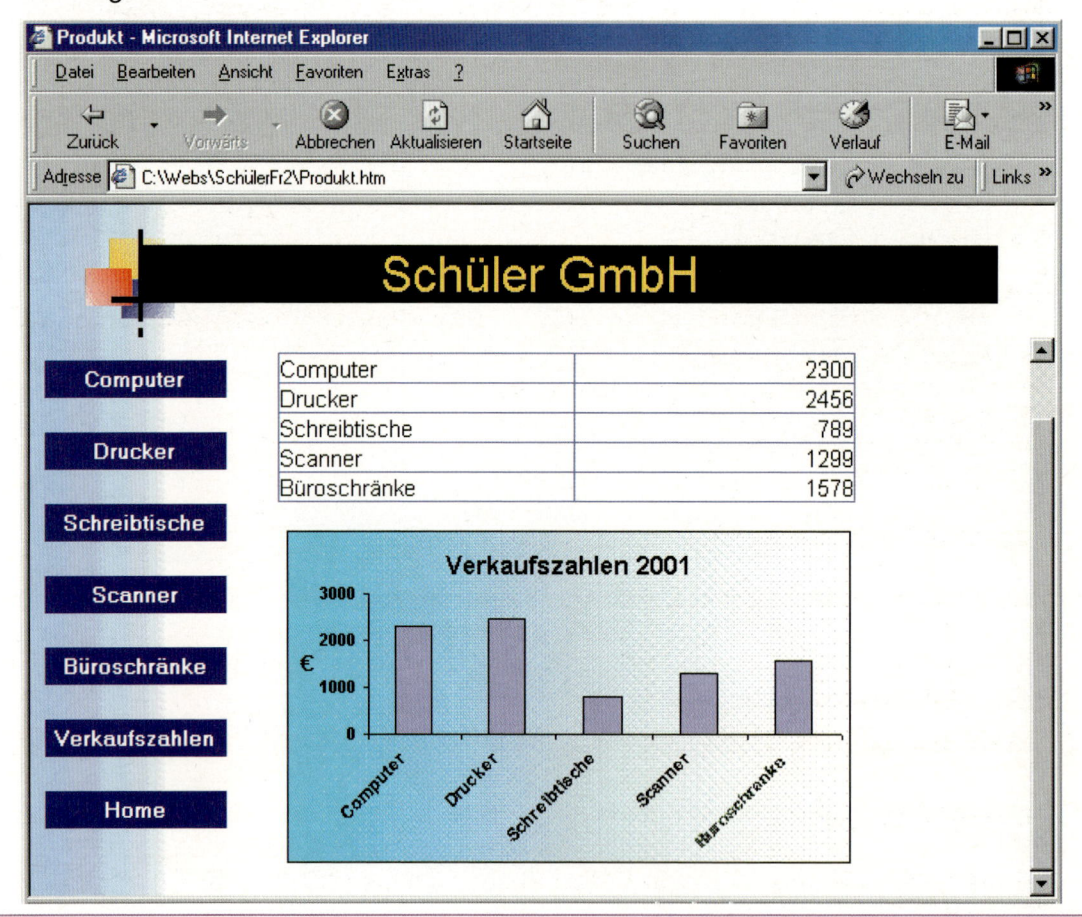

Speichern eines Teilbereiches einer Excel-Datei als Webseite 93

20.3 Speichern eines Teilbereiches einer Excel-Datei als Webseite

Ein markierter Bereich einer Tabelle oder ein erstelltes Diagramm können ebenfalls als Webseite abgespeichert werden.

Bearbeitungsschritte:

- Markieren Sie im Programm Excel den Bereich *A1:B7*. Speichern Sie die Seite wie angegeben im Verzeichnis *verkauf1.htm* ab.

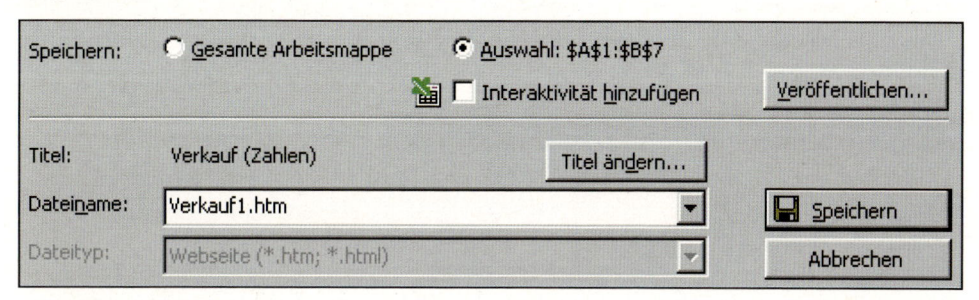

  Speichern: ○ Gesamte Arbeitsmappe ● Auswahl: $A$1:$B$7
  ☐ Interaktivität hinzufügen   Veröffentlichen...
  Titel: Verkauf (Zahlen)   Titel ändern...
  Dateiname: Verkauf1.htm   Speichern
  Dateityp: Webseite (*.htm; *.html)   Abbrechen

- Markieren Sie im Programm Excel das Diagramm. Speichern Sie die Seite wie angegeben im Verzeichnis *verkauf2.htm* ab.

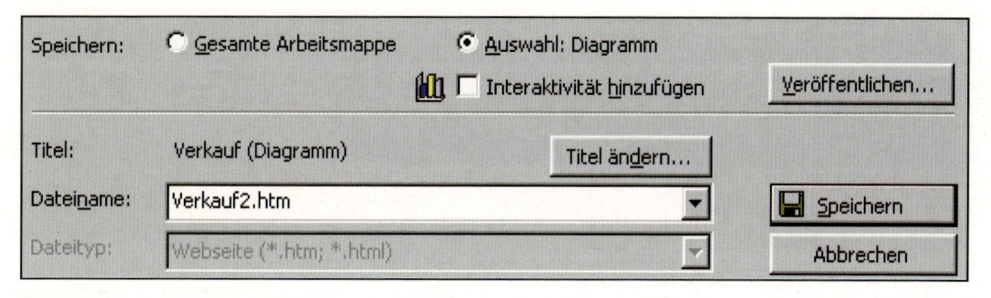

  Speichern: ○ Gesamte Arbeitsmappe ● Auswahl: Diagramm
  ☐ Interaktivität hinzufügen   Veröffentlichen...
  Titel: Verkauf (Diagramm)   Titel ändern...
  Dateiname: Verkauf2.htm   Speichern
  Dateityp: Webseite (*.htm; *.html)   Abbrechen

- Integrieren Sie die Seiten in dem Web *SchülerFr2*.

20.4 Kopieren und Einfügen von Tabellen und Grafiken

Die Windows-Zwischenablage eignet sich ebenfalls, Bereiche und Diagramme von Excel in eine Webseite zu integrieren.

Bearbeitungsschritte:

- Öffnen Sie die beiden angegebenen Programme:

  [Microsoft FrontPage...] [Microsoft Excel ...]

- Markieren Sie in Excel den Bereich *A1:B7*.

- Wählen Sie den Menüpunkt **Bearbeiten/Kopieren**.

  Alternative: Schaltfläche Kopieren

- Klicken Sie in der Taskleiste das Programm **FrontPage** an. Wählen Sie eine Seite aus, in der die Daten eingefügt werden sollen.

- Wählen Sie den Menüpunkt **Bearbeiten/Einfügen**.

  Alternative: Schaltfläche Einfügen

- Die Daten werden auf der Seite eingefügt. Auf die gleiche Art können Sie ein Diagramm einfügen.

21 Analyse erstellter Webs

Zur Analyse erstellter Webs bietet es sich an, Berichte, die das Programm erstellt hat, auszuwerten und/oder Hyperlinks nachzuvollziehen. Eventuelle unbenötigte Dateien können beispielsweise gelöscht werden oder Hyperlinks nach Bedarf verändert werden.

Bearbeitungsschritte:

- Öffnen Sie das Web *SchülerFr2*.

- Wählen Sie den Menüpunkt **Ansicht/Berichte**. Sie können nun auswählen, was Sie sich ansehen wollen.

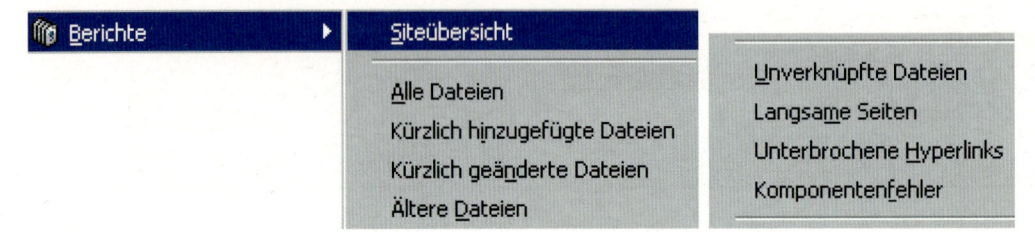

- Interessant ist z. B. die Möglichkeit, die Dateien anzuzeigen, die nicht mit anderen Dateien verknüpft sind. Sie können u. U. gelöscht werden.

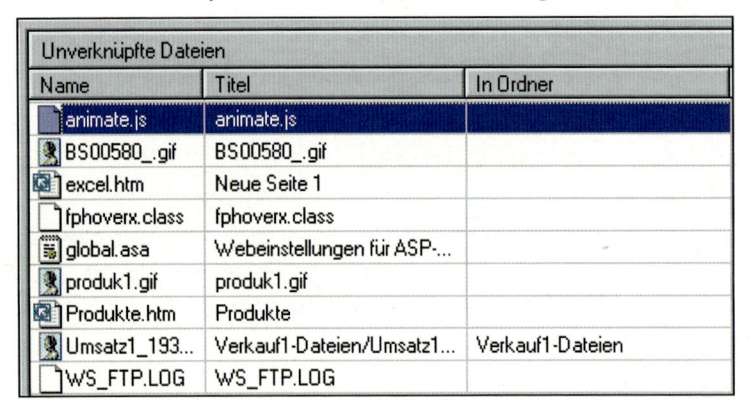

- Wählen Sie den Menüpunkt **Ansicht/Hyperlinks**. Sie können sich ansehen, welche Verlinkungen im Web vorgenommen worden sind.

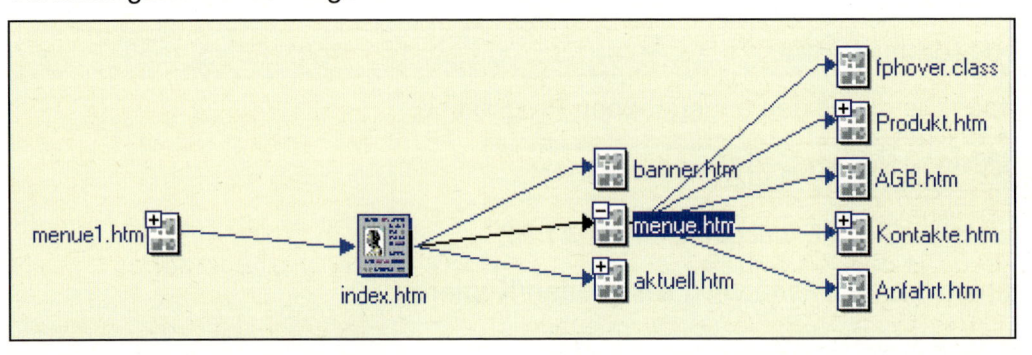

- Über die rechte Maustaste können Sie bestimmen, was angezeigt werden soll:

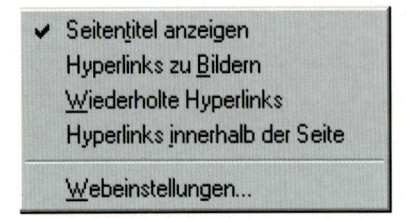

- Auf den einzelnen Seiten können Sie Fehler bei der Verlinkung beheben.

Kopieren und Einfügen von Tabellen und Grafiken 95

22 Veröffentlichung eines Webs

Die mit FrontPage erstellten Webs können grundsätzlich mit jedem dafür geeigneten Programm ins Internet übertragen werden. Darüber hinaus ist FrontPage selbst in der Lage, die Daten zu übertragen. Die nachfolgenden Bearbeitungsschritte sind insgesamt nur nachvollziehbar, wenn Ihnen ein Provider Speicherplatz zur Verfügung stellt.

Bearbeitungsschritte:

- Öffnen Sie ein Web, welches ins Internet übertragen werden soll.
- Wählen Sie den Menüpunkt **Datei/Web veröffentlichen**.

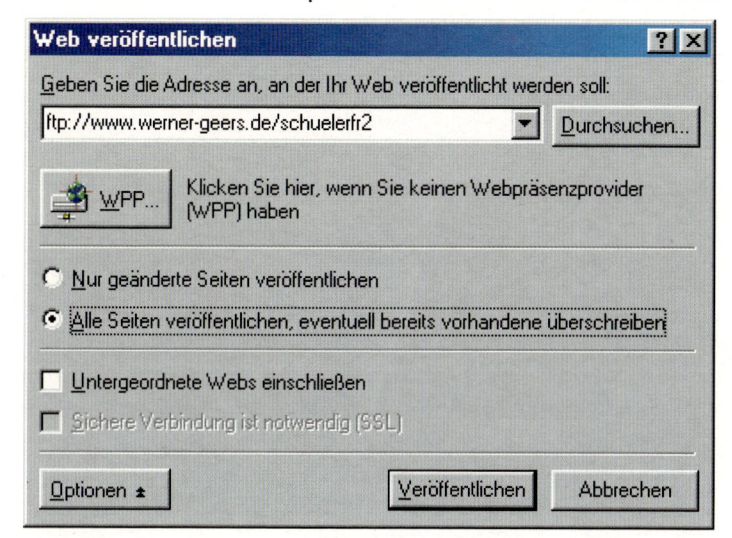

- Bestimmen Sie ein Verzeichnis auf ihrer Webseite. Geben Sie an, was Sie veröffentlichen möchten. Klicken Sie danach die Schaltfläche **Veröffentlichen** an. Sie werden aufgefordert, einen Namen (Kennwort des Provisors) und ein Kennwort (eigenes Passwort) einzugeben.

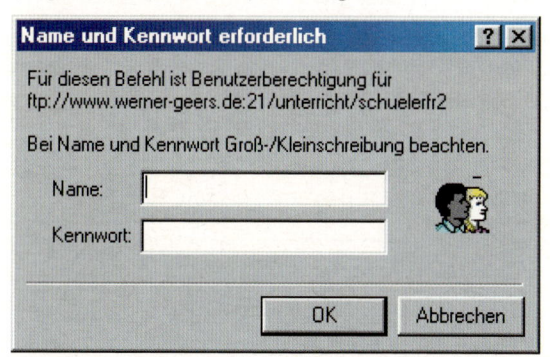

- Geben Sie die Kennwörter ein. Die Daten werden ins Internet übertragen.

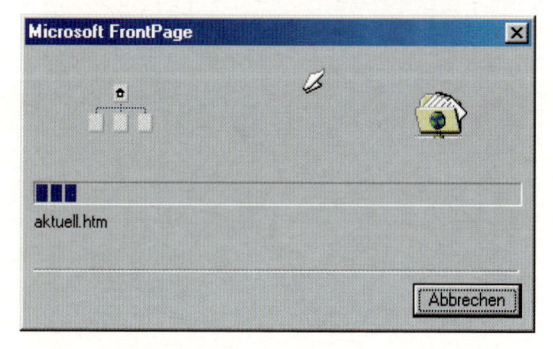

- Die Seiten können danach im Internet betrachtet werden.

Stichwortverzeichnis

Analyse von Webs 94
Animierte Gif´s 67
Anzeigenwechsler 67
Aufzählungen 11
AutoMiniaturansicht 63
Cascading Stylesheets 71
ClipArts 13
Datum und Uhrzeit 66
Designs 17
Designs, Farbgestaltung 79
Designs, Grafiken 80
Designs, Neu 78
Designs, Neuer Name 78
Designs, Textdarstellung 81
DHTML-Effekte 58
DHTML-Effekte, Doppelklicken 60
DHTML-Effekte, Klicken 60
DHTML-Effekte, Laden einer Seite 60
DHTML-Effekte, Mouseover-Effekte 60
Downloaden 85
Einfügen 93
E-Mail-Adresse 27
Erstellung 5
Excel 91
Excel, Kopieren und Einfügen 93
Excel, Webseiten 91
Farbgestaltung, Designs 79
Formatierung, Formatvorlagen 71
Formatvorlagen 71
Formatvorlagen, Ändern 74
Formatvorlagen, Erstellen 72
Formatvorlagen, Neu 72, 76
Formular-Assistenten 87
Formulare 87
Formulare, Nachbearbeitung 90
Frameseiten 42
Frameseiten, Ränder 49
FrontPage, Beenden 10
Grafiken 83
Grafiken, Alternativtext 14
Grafiken, AutoMiniaturansicht 63
Grafiken, Bearbeitung 61
Grafiken, Designs, ... 80
Grafiken, Hotspots 65
Grafiken, Hyperlinks 28, 55
Grafiken, Texteingabe 64
Grafiken, Zuschneiden 63
Hintergrundgrafik 18
Hotspots 65
Hoverschaltflächen 32, 44
HTML- Befehle 82

HTML- Befehle, Alternativtext 83
HTML- Befehle, Downloaden 84
Hyperlinks 52
Hyperlinks (Links) 23
Hyperlinks, eigenes Web 23
Hyperlinks, E-Mail-Adresse 27
Hyperlinks, Grafik 28
Hyperlinks, Internet 26
Hyperlinks, Textmarken 29
Importieren 21
Inhaltsverzeichnis 69
Internetpräsenz 5
Klicken oder Doppelklicken 60
Kommentar 69
Kopieren 93
Laden der Seite 60
Laufschrift 68
Mouseover-Effekte 58
Name, Designs 78
Navigationsschaltflächen 39, 40
Navigationen, Übersicht 5
Navigationsleisten 36
Navigationsstruktur 36
Randbereiche 37
Tabelle, Eingaben 15
Tabelle, Formatieren 16
Tabellen 15
Texte 11
Texteingabe 64
Textfarbe 18
Textmarken, Hyperlinks 29
Untermenüpunkte 52
Veröffentlichung 95
Webs, Erstellung 7
Webs, Frameseiten 42
Webs, Hoverschaltflächen 44
Webs, Hyperlinks auf Grafiken 55
Webs, Hyperlinks 23
Webs, Hyperlinks 52
Webs, Importieren 21
Webs, Öffnen 10
Webs, Schließen 10
Webs, Seiten 7
Webs, Analyse 94
Webs, Veröffentlichung 95
Webseiten, Downloaden 85
Webseiten, Excel 91
Webseiten, Gestalten 11
Webseiten, Grafik mit Alternativtext 83
Webseiten, HTML- Befehle 82
Webseiten, Öffnen 10